MUSÉE-THORVALDSEN.

PREMIÈRE SECTION.

OEUVRES DE THORVALDSEN.

DÉCRITES

PAR

L. MÜLLER,

Inspecteur du musée.

COPENHAGUE.

IMPRIMERIE DE THIELE BERLING.

1850.

DESCRIPTION

DES

OEUVRES DE THORVALDSEN

AU

MUSÉE-THORVALDSEN.

PAR

L. MÜLLER,

Inspecteur du musée.

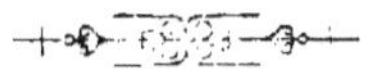

COPENHAGUE.
IMPRIMERIE DES FRÈRES BERLING.
1849.

OEUVRES DE THORVALDSEN.

I.

STATUES.

1. Représentations de la mythologie grecque.

1. **Bacchus et Ariadne.** Bacchus embrasse Ariadne assise à son côté et versant du vin dans la coupe qu'il tient élevée. Plâtre. H. 1 pied 5 p.
   Modelé à Rome en 1798.

2. **Bacchus debout**, un thyrse au bras gauche et une coupe remplie levée dans la main dr.; languissant et à demi rêvant. Plâtre. (Modèle.) H. 4 pieds $5^{1}/_{2}$ p.

3. **Apollon** préparant un nouveau chant, debout, la lyre au bras g. et le plectre dans la main droite. Plâtre. (Modèle.) H. 4 pieds 7 p.
   Ces deux statues ont été modelées à Rome en 1805 et exécutées en marbre pour la comtesse de Woronzoff, le n° 2 aussi pour le prince Malte Putbus dans l'île de Rugen.

4. **Mercure sur le point de tuer Argus.** Assis sur une souche d'arbre il éloigne de la bouche la flûte de Pan dont les sons ont assoupi Argus et, sur le point de se lever, il tire lentement l'épée du fourreau. Marbre. H. 5 pieds $5^{1}/_{2}$ p.

5. **Modèle de la statue précédente.**
   Modelé à Rome en 1818. Des exemplaires en marbre ont été acquis par M. Alex. Baring, banquier anglais, et par le comte Potocki.

6. **Mars et l'Amour.** Mars, tenant à la main une lance renversée et ayant déposé le casque et l'épée pour indiquer que les travaux de la guerre sont terminés, a dû prendre dans la main une des flèches de l'Amour, dont il s'était moqué, pour en reconnaître la pesanteur. L'Amour s'est emparé de l'épée

de Mars et le regarde avec un sourire malin. D'après la 45ᵐᵉ ode d'Anacréon. (Cfr. les reliefs n°ˢ 419—20.) Marbre. H. 7 pieds 7½ p.

7. Modèle du groupe précédent.
Modelé à Rome en 1810. Une statue de Mars à peu près semblable fut exécutée dans une époque antérieure et changée plus tard pour ce groupe. v. Thiele Thorvaldsen et ses œuvres. P. 1 Tab. 33.

8. Vulcain debout, tenant dans la main dr. le marteau appuyé sur l'enclume, et les tenailles dans la gauche. A ses pieds sont les armes qu'il a forgées, le casque et l'épée de Mars, le carquois et les flèches de l'Amour. Marbre. H. 7 pieds 7 p.

9. Modèle de la statue précédente.
Modelé à Rome en 1838, et destiné à être joint au groupe n° 6 et à une Vénus, qui n'a pas été exécutée, pour représenter l'idée traitée dans le relief n° 419 d'après la 45ᵐᵉ ode d'Anacréon.

10. Esquisse de la statue précédente. H. 1 pied 11 p.

11. Vénus avec la pomme. La déesse montre de la main dr. le prix de la beauté, que Pâris lui a adjugé, et de la main g. elle reprend la draperie, qu'elle avait déposée, pour s'en couvrir. Marbre. H. 5 pieds 1 p.

12. Modèle de la statue précédente.
Modelé à Rome dans les années 1813—1816 d'après une statue de demi-nature faite à une époque antérieure, v. Thiele P. I ad Tab. 23. Exécuté en marbre pour lord Lucan, la duchesse de Devonshire et sir Henry Labouchère en Angleterre.

13. Vénus et l'Amour. L'Amour est debout, penché sur Vénus assise qui lui fait de doux reproches. L'avant-bras gauche de l'Amour manque; il a été levé et a probablement tenu dans la main une flèche; la main droite devait tenir l'arc. Esquisse. H. 1 pied 9 p.

14. Hercule. Il est debout, tenant dans la main dr. la massue baissée, et saisissant de la gauche la dépouille du lion qui lui pend sur l'épaule. Plâtre. (Modèle.) H. 12 pieds 4 p.
Modelé à Copenhague en 1843; coulé en bronze par Dalhoff, et destiné à une des niches du portail de la façade principale du palais de Christiansbourg.

15.　Esquisse de la statue précédente. H. 2 pieds 2 p.

16.　Première esquisse de la même statue. Hercule, ayant sur cette esquisse la tête barbue, porte la massue sur l'épaule dr. et les pommes des Hespérides dans la main gauche; la dépouille du lion lui couvre la tête. H. 1 pied $10\frac{1}{2}$ p.

17.　Minerve debout, tenant une branche d'olivier dans la main g. abaissée, la droite levée appuyée à la lance. A ses pieds, le hibou. Esquisse. H. 2 pieds 3 p.

18.　Première ébauche de la figure précédente. Le hibou est assis sur la main dr. levée, la lance repose au bras gauche. H. 1 pied $11\frac{1}{2}$ p.

19.　Némésis debout, tenant de la main dr. un gouvernail, et de la main g. saisissant le bout de son manteau. A côté se trouvent les attributs de la déesse, la roue et les rênes. Esquisse. H. 1 pied 13 p.

19 a.　Première ébauche de la figure précédente. La tête est un peu baissée; la main dr. repose sur le timon du gouvernail, la gauche retient le bout du manteau devant la poitrine. L'un pied est posé sur la roue; les rênes ne s'y trouvent point. H. 1 pied $10\frac{1}{2}$ p.

20.　Esculape debout, tenant des herbes dans la main dr. levée, et le bâton baissé entouré du serpent dans la gauche. Esquisse. H. 2 pieds $1\frac{1}{2}$ p.

21.　Première ébauche de la figure précédente. La main dr.. appuyée au côté, retient la draperie. H. 1 pied $10\frac{1}{2}$ p.

> Les n⁰ˢ 17, 19 et 20 ont été ébauchés en 1839, en même temps que le n⁰ 15, pour être exécutés en même grandeur que le n⁰ 14 et être placés dans les niches auprès du portail principal du palais de Christiansbourg pour y correspondre aux quatre médaillons qui s'y trouvent (n⁰ˢ 317-320). Ce n'est qu'après la mort de Thorvaldsen qu'ils ont été modelés en grandeur colossale sous la direction de M. Bissen et coulés en bronze pour leur destination.

22.　L'Amour triomphant. Tenant l'arc de la main g., il examine la pointe de sa flèche qu'il lève en haut de la main droite. La dépouille de lion d'Hercule, jetée sur le tronc

d'arbre auquel il s'appuie, la lyre d'Apollon, placée derrière
lui, les foudres de Jupiter et le casque de Mars, posés à côté
de lui, sont autant de témoignages de ses victoires sur les
dieux. Plâtre (sur le modèle). H. 4 pieds 7$\frac{1}{2}$ p.
> Modelé à Rome en 1811. En marbre dans la galerie du prince
> Esterhazy à Vienne.

23. Variation de la statue précédente. L'Amour, la tête baissée,
regarde la flèche qu'il tient devant la poitrine. Aux attributs des
dieux vaincus sont encore ajoutés le thyrse cassé de Bacchus
et les armes de Neptune et de Pluton; les colombes de Venus ont construit leur nid dans le casque de Mars, en se
servant du panache. Marbre. H. 4 pieds 7 p.

24. Modèle de la statue précédente. De l'an 1823 à Rome.

25. Psyché. S'arrêtant sur la route des enfers, elle tient le
vase qui devait renfermer l'onguent de la beauté, et, saisie
de curiosité, elle met la main sur le couvercle, incertaine
encore si elle doit l'ouvrir. Marbre. H. 4 pieds 3 p.

26. Modèle de la statue précédente.
> Modelé à Rome en 1811. Un exemplaire en marbre appartient à
> M. Hope.

27. L'Amour et Psyché. L'Amour entoure de son bras
Psyché qui tient une coupe remplie de nectar, symbole de
la félicité céleste après les épreuves terrestres. Marbre. H.
4 pieds 3 p.

28. Modèle du groupe précédent.
> Modelé en 1804 à Villa Montenero près de Livourne. Exécuté en
> marbre pour la comtesse de Woronzoff et pour le prince Malte
> Putbus à Rugen.

29. Les Grâces. Celle du milieu embrasse les deux autres
et penche la tête vers sa soeur à droite qui se tourne affec-
tueusement vers elle en touchant son menton de l'index. La troisième entoure du bras dr. la taille de celle du milieu et pose
sa main g. sur son bras. Derrière elles est assis l'Amour
jouant de la lyre. Les draperies jetées sur un vase montren·

que les Grâces viennent de sortir du bain. Plâtre. (Modèle.)
H. 5 pieds 6 p.

Modelées en 1817—1819 à Rome. En marbre dans la possession
de M. Donner, négociant à Altona.

30. Esquisse du groupe précédent. Celle à droite pose la
main sur le bras dr. de celle à gauche; cette dernière repose
sa main dr. sur l'épaule g. de celle du milieu. Derrière elles,
au lieu de l'Amour, est placée une corbeille de fleurs. H. 1
pied 10¹⁄₂ p.

31. Variation du groupe des Grâces. Celle à droite essaie du
doigt la pointe d'une des flèches de l'Amour que lui présente
celle à gauche; les poses de celle du milieu et de l'Amour
sont de même variées. L'arc de l'Amour et son carquois,
d'où la fleche est tirée, se trouvent sur la terre. Marbre.
H. 5 pieds 5¹⁄₂ p.

32. Modèle du groupe précédent. De l'an 1842 à Rome.

33. L'Amour assis, jouant de la lyre. Marbre. H. 1 pied
10¹⁄₂ p.

34. Plâtre sur le modèle de la statue précédente.

Modelé à Rome en 1819 pour le groupe des Grâces. Exécuté séparément en marbre pour le comte de Rantzau Breitenbourg, et plus souvent.

35. L'Amour debout, regardant en haut, la main g. appuyée
sur l'arc. Marbre. H. 3 pieds 2¹⁄₂ p.

36. Modèle de la statue précédente.

Variation de la statue d'enfant n° 173 modelée en 1814.

37. Hébé qui s'avance en présentant une coupe emplie et
tenant le vase dans la main dr. baissée. Elle est vêtue d'un
double chiton dorique, détaché sur l'épaule et laissant à
découvert le sein droit. Plâtre. H. 5 pieds. De l'an 1806 à Rome.

38. Variation de la statue précédente. Le sein est couvert, le
mouvement de la tête et du corps exprime plus complète-
ment la grâce pudique. Le chiton retroussé autour de la taille
retombe en plis plus riches, et en outre un morceau d'étoffe
est attaché sur les épaules. Marbre. H. 4 pieds 10 p.

39. Modèle de la statue précédente. (Retouché.)
> De l'an 1816 à Rome   Un exemplaire en marbre a été acquis par M. Alex. Baring en Angleterre.

40. Ganymède présentant de la main g. une coupe qu'il a emplie en y versant du vase que tient la droite abaissée. Sa chlamyde pend sur le bras gauche. Marbre. H. 4 pieds $3^1/_2$ p.

41. Modèle de la statue précédente.
> Modelé à Rome en 1805. Exécuté en marbre pour la comtesse de Woronzoff.

42. Ganymède versant du vase dans une coupe qu'il tient dans la main. Marbre. H. 4 pieds 2 p.

43. Plâtre sur le modèle de la statue précédente.
> Modelé à Rome en 1816. Exécuté en marbre pour M. Krause, consul d'Autriche à St. Petersbourg.

44. Ganymède avec l'aigle. Un genou à terre, il donne à boire à l'aigle de Jupiter dans une coupe laquelle de la main g. il appuie sur le genou; la main dr. tient le vase. Marbre. H. 2 pieds 9 p. L. 3 pieds 5 p.

45. Modèle du groupe précédent.
> Modelé à Rome en 1817. Exécuté en marbre pour lord Gower, duc de Sutherland.

46. L'Espérance. La déesse tient dans la main dr. la fleur d'un arbre fruitier, et, en s'avançant lentement, elle relève de la g. son long chiton. D'après le prototype du plus ancien art grec. Marbre. H. 5 pieds $1^1/_2$ p.

47. Modèle de la précédente.
> Modelé à Rome en 1818. En marbre au château du ministre Guill. de Humboldt près de Tegel, et sur le tombeau de son épouse dans le jardin du château.

48. La Victoire sur un char. L'un genou appuyé contre le bord du char, elle retire des deux mains les rênes pour arrêter les chevaux. Esquisse. H. 1 pied $7^1/_2$ p.
> C'est d'après cette esquisse qu'a été modelée, après la mort de Thorvaldsen, la Victoire colossale en bronze qui orne le toit du musée.

49. **Muse triomphante** sur un char, la main g. appuyée à un sceptre, et tenant un livre en rouleau dans la main droite; la tête est ornée d'une couronne de lauriers. L'Amour est assis sur le bord du char pour mener les chevaux. Esquisse. H. 2 pieds 1¹⁄₂ p.

50. Même sujet. La muse tient le rouleau de la main g. et appuie la droite sur le sceptre; l'Amour est debout sur le timon. Esquisse. H. 2 pieds 3¹/₂ p.

> Sur ces esquisses, modelées à Rome à peu près en 1827, cfr. Thiele P. III p. 9.

51. **Jason.** Le héros emporte sur le bras la toison d'or, en tournant encore une fois ses yeux vers l'endroit où il a tué le dragon qui la gardait. Marbre. H. 7 pieds 8 p.

52. **Modèle** de la statue précédente.

> Modelé à Rome en 1802. Premier ouvrage important de Thorvaldsen, qui fonda sa réputation et qui, ayant été commandé en marbre par sir Thomas Hope, fit époque dans sa vie. v. Thiele P. I ad Tab. 16.

53. **Adonis** revenu de la chasse, s'appuyant à un tronc d'arbre sur lequel il a jeté son manteau et suspendu un lièvre tué. Plâtre. (Modèle.) H. 5 pieds 11 p.

> Modelé à Rome en 1808 et sculpté en marbre pour Louis, prince royal de Bavière. Cette statue de marbre, qui ne fut achevée qu'en 1832 et envoyée à Munich où elle a été placée dans la Glyptothèque, diffère beaucoup de ce modèle après avoir été successivement retouchée par l'artiste lui-même.

54. **L'un des dioscures**, dompteur de cheval. Copie réduite de la statue antique colossale du Monte Cavallo à Rome. Plâtre. H. 4. pieds 4¹/₂ p. De l'an 1797.

55—56. **Caryatides.** L'une, ayant sa longue robe (un chiton dorique) couverte d'une peau de bouc, porte la main g. à la poitrine. L'autre, ayant au-dessus de sa robe (un chiton ionique) une draperie retenue par des épaulières, tient de la main dr. une boucle de ses cheveux pendants. Plâtre (sur le marbre). H. 6 pieds 5¹⁄₂ p.

Modelées à Rome en 1813. Placées en marbre, en 1826, près du trône au palais de Christiansbourg. Sur la première destination de ces caryatides, v. Thiele P. I ad Tab. 78—79.

---

57. **Une Sibylle** appuyée à un trépied, un rouleau ouvert dans la main g. et un style dans la droite. Elle est vêtue d'un ample manteau, et a la tête enveloppée. Esquisse. H. 1 pied 6½ p.

> Sur le piédestal on voit tracé *ΒΥΤΗ*, ce qui semble caractériser cette Sibylle comme l'Erythréenne.

58. **Une Sibylle** debout, les bras levés. Son costume se compose d'une robe à riches plis, munie d'une ceinture et recouverte d'un manteau; la tête est entourée d'un morceau d'étoffe. Esquisse. H. 1 pied 7 p.

> Les deux avant-bras manquent; de même une partie du piédestal a été cassée, de sorte qu'il ne reste de l'inscription que les lettres finales *ma* ou *na* qui font supposer que l'artiste ait voulu représenter la Sibylle de Cumes. — Ces deux figures de Sibylles sont des esquisses de statues qu'on avait eu l'intention de placer, avec deux prophètes de l'ancien testament, dans les niches du portail de l'église de Notre-Dame de Copenhague, comme ayant prédit l'arrivée du Christ déjà du temps du paganisme et du judaïsme.

2.   Représentations chrétiennes.

59—70. **Sermon de St. Jean Baptiste.** Groupe de fronton. 59. St. Jean, debout sur un morceau de roche au milieu des auditeurs assemblés autour de lui, lève la main dr. et montre en haut pour indiquer que le royaume des cieux est proche. Il est vêtu d'une tunique de poil de chameau, recouverte d'un large manteau; dans la main g. il tient le signe de la croix; une coquille destinée à l'acte du baptême lui pend sur l'epaule. A gauche. 60. Jeune homme plongé dans la méditation, mettant l'un pied sur le rocher et la tête appuyée sur la main. 61. Jeune homme déjà dévoué au Saint, placé auprès de son père et satisfait de

l'impression que le sermon semble exercer sur celui-ci. 62.
Une mère agenouillée, derrière laquelle se trouve son jeune
fils qui s'appuie sur son épaule. 63. Un vieux scribe, assis
sur une pierre, méditant sur les paroles du saint précep-
teur; le mouvement de la main trahit que la voix du coeur
se fait valoir.   64. A l'extrémité. Jeune homme étendu sur
son manteau et levant attentivement la tête qu'il appuie sur
la main.   A droite. 65. Adolescent debout qui, entraîné
par l'orateur, semble impatient d'être initié par le baptème,
et a déjà ôté son manteau. 66. Pharisien orgueilleux qui ne
s'est arrêté qu'un moment en traversant la foule. 67. Chasseur qui, en revenant de la chasse, s'arrête pour entendre
le nouveau prédicateur. 68. Deux enfants uniquement occu-
pés du chien du chasseur. 69. Leur mère assise, écoutant
avec attention et ayant devant elle un troisième enfant. 70.
A l'extrémité. Pasteur du lieu, couché, le bras appuyé sur une
pierre, et tournant nonchalamment la tête vers l'orateur.
Plâtre. (Modèles.) H. de la figure de St. Jean 7 pieds 7 p.
L. du groupe 40 pieds.

> Ce groupe a été modelé à Rome, en 1821—1822. Il est placé en
> terre cuite dans le fronton au-dessus du portail de l'église de Notre-
> Dame à Copenhague.

71. Guerrier romain, appuyé à un rocher, écoutant avec intérêt
en levant la tête. Plâtre. H. 6 pieds 3 p.

72. Juif assis, les jambes croisées, dans une pose attentive.
Plâtre. H. 4 pieds 7 p.

> Ces deux statues étaient destinées à faire partie de l'auditoire de
> St. Jean, mais n'y furent point employées.

73—81. Esquisses pour la composition précédente. 73. St.
Jean-Baptiste, sans manteau. 74. Pour le n° 60. 75. Pour
le n° 62. La mère repose sur les deux genoux et entoure de
l'un bras son fils qui s'appuie à son côté. 76. Pour la place
ou a été mis le n° 64. Un enfant appuyé au dos d'un
chien assis. 77. Pour le n° 69. 78. Première ébauche du

nº 69. La mère assise tient un enfant dormant sur ses genoux.
79. Pour le nº 70. 80. Première ébauche du nº 70. Les
poses des bras et des jambes diffèrent. 81. Pour le nº 72.
H. de la figure de St. Jean 1 pied 7 p.

82. Le Christ. Le sauveur ressuscité, les bras étendus,
invite tous ceux *qui sont fatigués et chargés* à venir chercher du soulagement auprès de lui. Plâtre. (Modèle) H.
11 pieds.

83. Premier modèle de la statue précédente. La tête n'est pas
baissée; la jambe dr. fait un pas en arrière; la draperie
diffère un peu. H. 4 pieds 6 p.

84—85. Esquisses de la statue précédente. La tête regarde
en haut, surtout au nº 84. Les avant-bras manquent. La
pose des jambes est à peu près comme au nº 83. Le nº 84
n'est pas encore drapé; la draperie du nº 85 diffère de celles
des modèles. H. du nº 84, 1 pied 12 p.; du nº 85, 1 pied
8½ p.

86. St. Pierre, caractérisé par sa pose comme surveillant des
communautés chrétiennes, ayant à la main les clefs du ciel,
d'après les paroles de Jésus-Christ chez St. Matth. XVI, 19.
Plâtre. (Modèle.) H. 7 pieds 7½ p.

87. St. Matthieu. L'un pied posé sur une pierre, il tient
une table sur le genou et un style à la main, méditant sur
l'évangile qu'il est occupé à écrire. L'ange à ses côtés le
désigne comme évangeliste, la bourse à ses pieds comme
l'apôtre qui autrefois avait été publicain. Plâtre. (Modèle.)
H. 7 pieds 8 p.

88. Esquisse de la statue précédente. H. 1 pied 6 p.

89. St. Jean, imberbe, lève les yeux vers le ciel pour
recevoir la révélation divine, et tient dans les mains une table
et un style pour écrire. Un aigle, caractérisant St. Jean

comme évangeliste, est assis à ses pieds. Plâtre. (Modèle.) H. 7 pieds 9½ p.

90. Esquisse de la statue précédente. La figure est à demi tournée de côté; le costume est différent, l'aigle est assis derrière lui; un gobelet avec un serpent est placé devant le pied dr. H. 1 pied 7 p.

91. St. Jacques mineur, plongé dans la méditation, la main appuyée sur un bâton. Ses traits indiquent sa parenté avec Jésus-Christ. Plâtre. (Modèle.) H. 7 pieds 6½ p.

92. Esquisse de la statue précédente. H. 1 pied 7½ p.

93. St. Philippe, la croix à la main, la tête baissée, comme un homme courbé par des souffrances. Plâtre. (Modèle.) H. 7 pieds 5 p.

94. St. Jude Thaddée, debout, les mains jointes; une hache d'armes, instrument supposé de son martyre, repose dans son bras. Plâtre. H. 7 pieds 8 p.

95. St. André. Le bras g. appuyé à la croix sur laquelle il est dit d'avoir souffert le martyre, il lève la main dr. en enseignant. Plâtre. H. 7 pieds 8 p.

96. St. Thomas. Il approche, en méditant, la main dr., l'index avancé, vers la joue, et porte dans la main g. une équerre pour caractériser l'incrédule qui ne croit qu'après avoir mesuré. Plâtre. (Modèle.) H. 7 pieds 8½ p.

97. Esquisse de la statue précédente. H. 1 pied 8 p.

98. St. Jacques majeur dans son voyage apostolique, un long bâton à la main et un chapeau de voyage pendant sur le dos. Plâtre. (Modèle.) H. 7 pieds 8 p.

99. St. Barthélemi, tenant dans la main dr. un couteau, emblème des tourments que, d'après la tradition, il a soufferts dans le martyre. Plâtre. (Modèle.) H. 7 pieds 9 p.

100. Esquisse de la statue précédente. Le couteau, avancé sur le modèle, est rapproché vers la poitrine. H. 1 pied 7½ p.

101. St. Simon Zélotes, dans une attitude pensive, les mains
appuyées sur une scie qu'on lui attribue comme instrument
de martyre. Plâtre. (Modèle.) H. 7 pieds 9$^1\!/_2$ p.

102. Esquisse de la statue précédente (?). L'apôtre a la tête
chauve et une longue barbe; il est sans la scie, les mains
croisées sur la poitrine. Le manteau est jeté d'une manière
différente. H. 1 pied 7$^1\!/_2$ p.

103. St. Paul, parlant à la communauté, la main dr. levée, la
gauche appuyée sur l'épée, instrument de son martyre. Plâtre.
(Modèle.) H. 7 pieds 7$^1\!/_2$ p.

104. Esquisse de la statue précédente. H. 1 pied 6$^1\!/_2$ p.
> Les précédentes statues colossales du Christ et des apôtres furent
> modelées en 1821—27 à Rome pour l'église de Notre-Dame à Co-
> penhague, où elles furent placées, d'abord en plâtre, ensuite en
> marbre, à l'exception de celles de St. Thaddéo et de St. André,
> destinées à être changées.

105. St. Jude Thaddée. Variation du n° 94. La tête est
baissée et non tournée à gauche comme au n° 94; les
mains ne sont pas jointes de côté, mais sur la poitrine. Les
cheveux sont plus courts, la tunique courte. Plâtre. (Modèle.)
H. 7 pieds 6 p.

106. Esquisse de la statue précédente. H. 2 pieds 6 p.

107. Première esquisse de la même statue. Il met la main
sur la poitrine, en levant les yeux vers le ciel; le bras dr.
est abaissé pour tenir la hache. H. 2 pieds 3 p.

108. St. André. Variation du n° 95. De la main dr. il
saisit la partie supérieure de la croix, et dans la g. abaissée
il tient un rouleau. Son costume, ne se composant au n°
95 que d'un large manteau, est formé d'une tunique et d'un
manteau pendant sur l'épaule gauche. Plâtre. (Modèle.)
H. 7 pieds 7 p.

109. Esquisse de la statue précédente. La barbe et les cheveux
sont plus longs; le manteau est jeté d'une manière différente.
H. 2 pieds 1$^1\!/_2$ p.

Les statues n°ˢ 105 et 108 furent modelées en 1841 à Rome et sont actuellement placées en marbre dans l'église de Notre-Dame, au lieu des figures en plâtre (n°ˢ 94 et 95) qui y avaient été jusqu'à présent.

---

110. **L'ange du baptême**, debout, tenant une grande coquille sur les bras étendus. Plâtre. (Modèle.) H. 5 pieds 8 p.
> Modelé en 1821 à Rome. En marbre dans la possession de lord Lucan.

111. **Esquisse de la statue précédente.** H. 1 pied 9 p.

112. **Pareil ange du baptême**, agenouillé. Plâtre. (Modèle.) H. 4 pieds 6 p.
> Modelé à Rome en 1 27. Placé en marbre dans le chœur de l'église de Notre-Dame à Copenhague.

3. Monuments de personnages historiques. Monuments sépulcraux. Portraits.

113. **Nicolas Copernic.** Assis, tenant dans la main g. une sphère armillaire, sur laquelle il mesure avec le compas, en regardant les étoiles. Plâtre. (Modèle.) H. 8 pieds 11 p.
> Modelé en 1823 à Rome et érigé en bronze sur la place de l'université à Varsovie, aux frais de M. Stanislas Staszic, ministre d'état polonais.

114-16. **Monument érigé à Gutenberg.** 114. **Statue de Gutenberg**, debout, des types dans la main dr. et la première bible imprimée au bras gauche; costume du moyen-âge. H. 11 pieds 2 p.   115. **Relief. Invention des types mobiles.** Gutenberg, assis à une table et ayant devant lui une casse, montre les types qu'il vient d'inventer à son collaborateur Faust; celui-ci est debout, s'appuyant à une de ces tables de bois dont on se servait auparavant pour imprimer une page. H. 2 pieds 11 p. L. 4 pieds 9 p.   116. **Relief. Invention de la presse.** Pendant qu'un imprimeur travaille à la presse, Gutenberg, qui s'y appuie, parcourt une feuille tirée; au fond, des feuilles imprimées sont suspendues pour être séchées. H. 2 pieds 11 p. L. 3 pieds 9 p. Plâtre. (Modèles.)

Cette statue et les deux reliefs du piédestal furent modelés à Rome en 1833—35, et ensuite coulés en bronze par Crozatier à Paris. Le monument en l'honneur de l'inventeur de l'imprimerie fut érigé en 1837 sur une place publique de Mayence par la société des arts de cette ville. Les deux autres faces du piédestal offrent des inscriptions latines.

117-18. Esquisses du monument précédent. 117. Gutenberg. H. 1 pied 9 p. 118. Invention de la presse. H. 1 pied 3 p. L. 1 pied 7 p.

119. Monument en mémoire des Suisses tués dans la révolution française. Un lion mourant, ayant le côté traversé d'une lance cassée, repose la tête sur l'écu royal de France. Figure de relief. Plâtre. (Modèle.) H. 2 pieds 8 p. L. 4 pieds 11 p.

Ce lion fut modelé en 1819 à Rome, pour servir de monument aux Suisses, tués le 10 août 1792 en défendant les Tuileries; les fonds avaient été réunis par une souscription publique. En 1821 cette figure fut sculptée par l'artiste suisse Lucas Ahorn, en grandeur colossale, dans un rocher perpendiculaire près de Lucerne, placée dans une niche, ayant à ses côtés l'écu et les armes de Suisse, et avec une inscription au bas qui conserve les noms des victimes.

120. Monument en l'honneur du prince de Schwarzenberg. Le général, le bâton de commandement à la main, est placé sur un haut piédestal carré, dont la face de devant offre en relief son entrée dans Leipzic en 1813. Némésis, notant les exploits du héros, et la Victoire, tenant une palme et une couronne, s'appuient aux deux côtés du monument, sur la marche duquel est couché un lion. Esquisse. H. 2 pieds 13½ p.

Modelé à Rome en 1821 à la demande du prince Metternich, sans avoir été exécuté plus tard.

121. Lion couché. Marbre. H. 2 pieds 9½ p. L. 5 pieds.

122. Modèle du lion précédent.

Exécuté à Rome en 1825, probablement pour être employé au monument précédent du prince de Schwarzenberg.

123. Le prince Joseph Poniatowsky à cheval. Monté sur un cheval qui s'avance tranquillement, il lève, d'un geste impératif, la main dr. armée de l'epée; il porte le costume d'un général romain, ayant la cuirasse ornée de l'aigle polonais. Plâtre. (Modèle.) H. 14 pieds 8 p.

> Cette statue équestre fut modelée en 1827 à Rome, à la demande du général polonais Mokronosky qui se trouvait à la tête d'une souscription publique faite à cette intention. Elle fut coulée en bronze pour être élevée sur une place publique de Varsovie, ce qui pourtant ne fut pas effectué.

124. Premier modèle de la statue équestre précédente. H. 8 pieds 1¹⁄₂ p.

125. Premier modèle du cheval précédent. Le cheval s'arrête subitement dans sa marche. H. 6 pieds 8 p.

> Modelé à Rome en 1823. La pose devait caractériser le cheval comme s'arrêtant aux bords de l'Elster où le prince périt après la bataille de Leipzic en 1813. Cfr. Thiele P. II ad Tab. 142. Après la mort de Thorvaldsen ce cheval fut coulé en bronze et placé sur le toit du musée au quadrige de la Victoire.

126. Esquisse de la statue équestre de Poniatowsky. Le cavalier lève l'épée. La pose du cheval est comme dans le modèle précédent. H. 2 pieds 3 p.

127. L'électeur Maximilien I de Bavière à cheval. Arrêtant son cheval de la main g. il étend la droite comme pour donner un ordre; il porte l'armure du temps de la guerre de trente ans, la tête découverte. Esquisse. H. 2 pieds 6¹⁄₂ p.

128. Cheval de la précédente statue équestre. Plâtre. (Modèle.) H. 12 pieds 9 p.

> Modelé à Rome en 1833—34. Le monument coulé en bronze fut élevé en 1839 sur la place de Wittelsbach à Munich.

129. Premier modèle du cheval précédent. H. 6 pieds 4¹⁄₂ p.

130-31. Monument de Byron. 130. Statue-portrait de Byron. Assis sur des ruines grecques, le poème Child Harold à demi ouvert dans la main g., il lève de la dr. la plume vers le menton, comme frappé d'une idée. Le fragment architonique qui lui sert de siège porte d'un côté le symbole et le

nom d'Athènes, de l'autre côté les emblèmes d'Apollon, le
gryphe et la lyre; la tête de mort placée derrière indique les
idées sombres, propres au poète. Son costume est celui du
temps moderne. Plâtre. (Modèle.) H. 5 pieds 6 p.   131.
Relief pour le piédestal. Le génie de la poésie accordant
sa lyre pour entonner un chant en l'honneur de Byron. La
proue sur laquelle il pose le pied indique la nationalité du
poète et son voyage à travers la mer; à côté est placée une
ciste contenant ses écrits. Marbre. H. 2 pieds 7 p. Larg. 1
pied 11 p.

> La statue de Byron fut exécutée à Rome en 1831 d'après le buste
> modelé en 1817 d'après nature (v. n° 257), à la demande de sir
> John C. Hobhouse qui se trouvait à la tête d'une souscription pour
> faire élever ce monument en marbre; il ne fut cependant placé qu'en
> 1845 dans la bibliothèque de Trinity College à Cambridge.

132. Première exécution de la statue précédente. L'expression
de la tête varie en ce que la bouche, ouverte au n° 130, est
fermée. Plâtre. H. 5 pieds 6 p.

133. Esquisse de la statue précédente. La main dr. qui tient
la plume n'est levée que jusqu'à la poitrine. H. 1 pied 8 p.

134. Modèle du relief au monument de Byron n° 131.

135-37. Monument de Schiller. Reliefs du piédestal de la
statue de Schiller. 135. Apothéose de Schiller. L'aigle
de Jupiter s'élève en portant vers l'Olympe les oeuvres du poète.
Au-dessus on voit un globe offrant le nom de Schiller surmonté
d'une étoile, au bas le scorpion et le taureau, les deux
signes zodiacaux sous lesquels il naquit et mourut. De l'un
côté plane la muse de la tragédie, de l'autre celle de l'histoire. H. 2 pieds. L. 4 pieds 1 p. 136. Le génie de la
poésie planant, une lyre au bras g. et le plectre dans la
main droite. H. 2 pieds 9½ p. Larg. 2 pieds 9½ p. 137. La
Victoire planant, tenant dans les mains une palme et une
couronne de lauriers. H. 2 pieds 9 p. Larg. 2 pieds 8 p. Plâtre.
(Modèles.)

138. Esquisse de la statue de Schiller. Le poète est debout,
un rouleau dans la main g. et levant une plume de la droite;
il porte le costume de son temps, couvert d'un manteau, et
il a la tête ornée d'une couronne de lauriers. H. 2 pieds 8 p.

Ces ouvrages furent exécutés en 1835 à Rome pour le monument
colossal qui fut élevé en bronze à Stuttgard en 1839. Le rouleau,
que sur l'esquisse Schiller tient dans la main, a été remplacé par un
livre. La 4me face du piédestal offre une lyre soutenue des gryphes
d'Apollon, et l'indication de l'an 1839.

139. Goethe, assis, la tête levée, un livre dans la main g.
qui repose sur le genou, et une plume dans la main dr.
posée sur le dos de la chaise. Une lyre est appuyée contre
le côté de la chaise, sous laquelle sont placés des livres.
Esquisse. H. 1 pied $5\frac{1}{2}$ p.

140. Variation de l'esquisse précédente. Le poète est debout,
les yeux fixés sur le livre qu'il tient devant lui dans la main
g., et ayant la plume dans la main dr. abaissée. Derrière
lui est une ciste contenant des écrits, contre laquelle la lyre
est appuyée. H. 2 pieds $2\frac{1}{2}$ p.

Ces esquisses furent modelées en 1839 à Copenhague, à la demande d'une réunion qui s'était formée à Francfort pour faire élever
un monument à Goethe; mais elles ne furent pas exécutées.

141. Frédéric VI, roi de Danemark, assis sur le trône
en costume du sacre; il tient un rouleau dans la main g. et
étend la droite en parlant. Esquisse. H. 1 pied $5\frac{1}{2}$ p.

Modelée à Copenhague en 1810 comme ébauche d'un monument
en l'honneur de Frédéric VI. V. n° 601 suiv.

142-45. Monument sépulcral de Pie VII. 142. Statue-
portrait de Pie VII, assis sur le siége de St. Pierre et donnant la bénédiction. Il est orné de la tiare, et porte au-
dessus des habits pontificaux une aube, dont les bords offrent
les instruments de martyre des apôtres entourés de palmes.
H. 9 pieds 3 p. 143. La sagesse divine sous la forme
d'une femme debout, tenant dans la main la sainte écriture

ouverte, et plongée dans de profondes méditations. L'égide de Minerve lui couvre la poitrine, le hibou est assis à ses pieds. Statue. H. 9 pieds 3 p. **144.** La force divine, représentée comme une femme foulant aux pieds une massue, symbole de la force terrestre, et montrant par ses yeux tournés vers le ciel et par les mains croisées sur la poitrine, qu'elle ne se confie qu'en Dieu seul. Elle est enveloppée d'une peau de lion. Statue. H. 9 pieds 7 p. **145.** Relief. Deux anges tenant les armes de Pie, surmontées des insignes de la dignité pontificale. H. 2 pieds 3^{r}_2 p. L. 6 pieds 6 p. Plâtre. (Modèles.)

> Ces ouvrages furent modelés et exécutés en marbre, à la demande et aux frais du Cardinal Consalvi, à Rome depuis 1821 jusqu'en 1831. Dans cette dernière année le monument fut élevé dans l'église de St. Pierre, à peu près comme l'indique l'esquisse n° 118.

146-47. Deux anges assis, l'un montrant du doigt un sablier écoulé qu'il tient à la main, l'autre tenant le livre qu'il vient de fermer, et dans lequel il a inscrit les actions de la vie terminée. Plâtre. (Modèles.) H. 4 pieds 6 p. et 4 pieds 8 p.

> Ces anges furent modelés pour le monument de Pie VII après qu'on eût commencé à l'élever dans l'église de St. Pierre, pour remplir l'espace vide des deux côtés de la figure du pape, où ils furent placés après avoir été exécutés en marbre.

148. Esquisse du monument de Pie VII. H. 3 pieds 5 p.

> La partie supérieure de la chapelle sépulcrale fut changée dans l'exécution. Une inscription latine au-dessus de la porte annonce que le monument a été élevé par le cardinal Consalvi en l'honneur de Pie VII.

149. Première esquisse de Pie VII. Le pape tient à la main dr. la palme du martyre, et de la main g. la tiare qu'il a déposée à côté de lui sur le siége qui est sans dos. H. 1 pied 5 p.

> Deux anges étaient destinés à porter une couronne d'étoiles au-dessus de la tête du pape.

150. Conradin, dernier des Hohenstauf. Il est debout, la main appuyée sur l'épée, les épaules couvertes du manteau royal,

et la tête ornée de la couronne de Naples: le casque orné
d'une tête d'aigle est placé derrière lui.   Plâtre.   (Modèle.)
H. 6 pieds 9 p.

> Modelé à Rome en 1836, à la demande du roi Louis de Bavière.
> Placé en marbre sur le tombeau de Conradin dans l'église de la
> Madonna del carmine à Naples, en 1847.

151. Esquisse de la statue précédente.   H. 1 pied 8¹⁄₂ p.

152-53. Monument sépulcral de Christian IV, roi de
Danemark. 152. Statue-portrait de Christian IV, debout,
le bras g. appuyé sur l'épée, et le chapeau dans la main
droite; il porte le costume de son temps, l'ordre de l'éléphant sur
la poitrine. H. 6 pieds 10 p. 153. Relief. Trois génies expri-
mant la devise du roi: Regna firmat pietas. Le génie
de la force est au milieu, vêtu d'une peau de lion et armé
d'une massue, sur laquelle repose la main de celui à gauche,
représentant le gouvernement, un gouvernail au bras et la
tête ornée d'une couronne murale.   A droite se trouve le
génie de la piété ayant des ailes de papillon (celles de l'âme),
la tête radiée, et la croix chrétienne au bras.   H. 1 pied 9¹⁄₂ p.
L. 2 pieds 6 p.   Plâtre.   (Modèles.)

> La statue fut modelée à Copenhague en 1840, le relief, suivant
> l'inscription, à Nysöe 25 novembre 1842.   L'une et l'autre sont
> coulés en bronze par M. Dalhoff pour la chapelle de la cathédrale de
> Roeskilde qui porte le nom de Christian IV.   La statue sera placée
> sur un sarcophage de marbre foncé avec des ornements de bronze
> à jour, renfermant le cercueil, et le relief avec la devise sera
> placé sur la face antérieure du sarcophage.

154. Esquisse de la statue de Christian IV.   H. 2 pieds ¹⁄₂ p.

155. Le prince Wladimir Potocki, représenté comme un
héros de l'antiquité, debout, la main g. sur la poignée de
l'épée.   A ses pieds sont placés le casque et la cuirasse ornée
de l'aigle polonais.   Plâtre.   (Modèle.)   H. 6 pieds 9 p.

> Modelé en 1821 à Rome.   Placé en marbre dans la cathédrale
> de Cracovie, comme monument sépulcral du prince qui à l'âge de
> 26 ans, fut tué à la bataille de Leipzic en 1813.   Sur le piédestal est
> placé le génie de la mort n° 627.

156. Eugène duc de Leuchtenberg. Cette statue-portrait, faisant partie du monument sépulcral du duc, le représente quittant la vie; le bâton de commandement, le casque et la cuirasse, symboles de la puissance terrestre, sont déposés, et la main sur le coeur (allusion à sa devise), il livre à la muse de l'histoire son dernier ornement, la couronne de gloire. Plâtre. (Modèle.) H. 8 pieds 9 p.

Modelé à Rome en 1827. Placé en marbre, en 1830, sur le tombeau du duc dans l'église de St. Michel à Munich, avec trois autres figures: la muse de l'histoire assise devant lui et les génies de la vie et de la mort (v. le nᵒ suiv.) placés de l'autre côté. Derrière lui est un portail comme entrée de la demeure de la mort, surmonté de la devise du défunt: *Honneur et fidélité.*

157. Les génies de la vie et de la mort. Le génie de la mort a la tête appuyée sur le génie de la vie qui l'entoure de son bras gauche. Une partie du bras dr. de cette figure (destinée à tenir un flambeau brûlant) manque. Esquisse d'un groupe pour le monument sépulcral du duc de Leuchtenberg. H. 1 pied 4 p.

Le groupe du monument, exécuté en marbre, diffère considérablement de cette esquisse, v. Thiele P. II tab. 156.

158. Les génies de la vie et de la mort près d'un monument sépulcral. Le génie de la vie, ayant des ailes de papillon, tient un flambeau allumé et s'appuie du bras dr. sur l'épaule du génie de la mort, tenant un flambeau renversé et reposant sur sa main la tête baissée. Derrière eux est une méta entourée d'un bandeau funèbre; sur son piédestal est une urne cinéraire couverte d'un linceul. Esquisse. H. 2 pieds 7¹⁄₂ p.

159. Ange priant (génie de la vie), agenouillé, les bras croisés sur la poitrine. A côté est couché le flambeau de la vie encore brûlant. Esquisse. H. 1 pied 5 p.

Modelé à Nysö en 1839 pour le monument sépulcral de la fille de M. Jacobi, négociant à Altona.

160. **Luther.** Comme interprète de la sainte écriture il montre de la main g. la bible, placée ouverte à côté de lui, en levant la main dr. comme pour enseigner. Esquisse. **H. 2 pieds 2½ p.**

161. **Melanchton,** debout, la traduction de la bible au bras. Il est vêtu d'une longue robe bordée de fourrure, et tient un bonnet dans la main droite. Esquisse. **H. 2 pieds 3 p.**

> Ces deux statues esquissées étaient destinées à l'église de Notre-Dame à Copenhague, où elles devaient être placées à l'entrée de la nef; mais elles ne furent point exécutées.

162. **Thorvaldsen.** Debout, le bras appuyé sur la statue de l'Espérance (v. n° 46), il tient le ciseau dans la main g., le marteau dans la droite abaissée; costume d'atelier. Plâtre (sur le modèle). **H. 6 pieds 4 p.**

> Modelé à Nysö 1839.

163. Esquisse de la statue précédente. **H. 2 pieds 1½ p.**

164. **Caroline Amélie,** reine de Danemark, comme princesse. Debout, dans l'acte de mettre un châle. Plâtre. **H. 5 pieds 6½ p.**

> Modelée à Rome en 1827.

165. Esquisse de la statue précédente. **H. 1 pied 5½ p.**

166. **La comtesse d'Ostermann,** assise sur une chaise, plongée dans la rêverie, les mains croisées sur les genoux. Elle est vêtue d'une robe entourée d'une ceinture, au-dessus de laquelle est jetée une ample draperie. Marbre. **H. 4 pieds 4 p.**

167. Modèle de la statue précédente.

> Modelé à Rome en 1815 et exécuté en marbre pour le comte d'Ostermann.

168. **Dame assise.** Elle tient de la main g. le bout de la draperie jetée au-dessus de l'épaule; la main dr. repose sur les genoux. Esquisse d'une statue-portrait, peut-être de la précédente. **H. 1 pied 5 p.**

169. Esquisse d'une statue semblable. De la main dr. la dame

approche un papier de son sein; le bras g. repose sur le
bras du fauteuil, sur le dos duquel est jetée la draperie.
H. 1 pied $4^1/_2$ p.

170. Esquisse d'une statue semblable. La dame tient embrassé
du bras dr. un enfant appuyé sur elle, auquel elle adresse
la parole. La main du bras g. levé manque. H. 1 pied 4 p.

171. **La princesse Bariatinska.** Debout, dans une attitude pensive, l'index sous le menton, elle retient de la main
g. sur la hanche la draperie à riches plis jetée au-dessus de
l'épaule. Marbre. H. 5 pieds 9 p.

172. Modèle de la statue précédente. De l'an 1818. Rome.

173. **Georgine Elisabeth Russel.** Jeune enfant de quatre
ans, debout et nue; sa main gauche retient une draperie sur
la hanche. Plâtre (sur le modèle). H. 3 pieds $2^1/_2$ p.
> Fille du duc de Bedford, modelée à Rome en 1814. En marbre
> dans la collection de l'abbaye de Woburn.

174. **Enfant représentée comme Psyché** essayant la pointe
de la flèche de l'Amour. Plâtre. H. 3 pieds 4 p.
> Modelée à Nysö 1839.

175. **Jeune garçon comme chasseur.** Debout, l'un pied
sur une souche d'arbre, auprès de laquelle il a posé son
fusil et son chapeau ainsi qu'un lièvre tué, il caresse son
chien qui saute sur lui. Esquisse. H. 1 pied $4^1/_2$ p.
> Modelé à Nysö 1813.

4. Représentations de la vie humaine.

176. **Jeune berger,** assis dans un repos agréable, une
houlette à la main. Son chien est à côté de lui. Marbre. H. 4
pieds 8 p.

177. Modèle de la statue précédente.
> Modelé à Rome en 1817. Des exemplaires en marbre chez M. de
> Krause à Wilsdruf près de Dresde, chez le comte de Schönborn en
> Autriche, chez M. Donner, négociant à Altona, chez lord Crantley
> et chez lord Altman en Angleterre.

178. **D a n s e u s e.** Regardant en bas, elle tient du bras g. levé et du bras dr. abaissé une draperie flottant derrière elle. Son costume se compose d'un chiton dorique entouré d'une ceinture; les cheveux sont ornés d'une couronne de fleurs. Plâtre. (Modèle.) H. 5 pieds 7 p.
> Modelée à Rome en 1817. En marbre dans la galerie d'Esterhazy à Vienne.

179. **Danseuse semblable.** La tête est tournée de côté et les bras qui tiennent la draperie sont abaissés; le chiton n'est que peu retiré au-dessus de la ceinture. Plâtre. (Modèle.) H. 5 pieds 7 p.
> Variation de la statue précédente; le changement du bras g. a été fait pour placer la figure dans une niche. Exécutée en marbre pour le duc Torlonia à Rome.

180. **J e u n e f i l l e d a n s a n t e,** tenant des deux mains les bouts de sa robe (un chiton dorique) qui a glissé sur l'un bras. A côté, un panier muni d'un couvercle. Marbre. H. 4 pieds $9^1{}_2$ p.

181. Modèle de la statue précédente.
> Modelé à Rome en 1837, à la demande du duc Torlonia.

182. Esquisse de la statue précédente. H. 1 pied 11 p.

183. **D a n s e u s e,** s'avançant lentement, un tambourin dans les mains. Esquisse. H. 1 pied 11 p.

184. **J e u n e f i l l e a v e c d e s f l e u r s.** Debout, elle appuie une corbeille remplie de fleurs au côté g. et présente une rose de la main droite. Esquisse. H. 2 pieds 2 p.

185. **J e u n e h o m m e** ayant une peau attachée sur l'épaule, debout, la main g. appuyée sur un tronc d'arbre; la main du bras dr. levé vers la tête manque. A côté, un chien. Esquisse. H. 1 pied 11 p.

II.

BUSTES.

1. Personnages du temps passé.

186. St. Apollinaire, évêque de Ravenne, l'un des martyrs du premier siècle. Colossal. Plâtre.

Exécuté pour la ville de Ravenne à peu près en 1822.

187. Léonard de Pise. Avec l'inscription: *LEONARDO PISANO DETTO FIBONACCI PRINCIPE DE' MATEMATICI VISSE NEL SECOLO XII.* Hermès colossal. Marbre.

Destiné à la protomothèque au Capitole. De l'un côté du buste se trouve l'inscription: *MONSIGNOR GIROLAMO GALANTI POSE*, de l'autre côté: *ALBERTO THORWALDSEN SCULPI.*

188. Martin Luther. Inachevé. Hermès en plâtre.

Dernier ouvrage de Thorvaldsen, auquel il travaillait le jour même de sa mort, 24 mars 1844.

189. Maximilien, électeur de Bavière, général dans la guerre de trente ans. Hermès colossal en plâtre.

Premier modèle de la tête de la statue équestre, v. n°s 127—28. Exécuté en 1831 à Rome.

190. Louis Holberg, auteur danois. Hermès. Plâtre.

De l'an 1839. Nysö.

2. Personnages contemporains de Thorvaldsen.

191. Frédéric VI, roi de Danemark. Plâtre.

192. Marie Sophie Frédérique, reine de Danemark. Plâtre.

193. Caroline, princesse royale de Danemark. Plâtre.

194. Vilhelmine Marie, princesse de Danemark, comme enfant. Plâtre.

Ces quatre bustes de la famille royale de Danemark furent modelés par Thorvaldsen pendant son séjour à Copenhague en 1819.

195. La même princesse, dans un âge plus avancé. Marbre.

196. Modèle du buste précédent.

197. Christian Frédéric, prince héréditaire de Danemark
(plus tard le roi Christian VIII). Plâtre.

198. La princesse Caroline Amélie, son épouse. Plâtre.
Tous les deux modelés à Rome en 1821.

199. Frédéric Charles Christian, prince de Danemark (plus
tard le roi Frédéric VII), à l'âge de 11 ans. Plâtre.
Modelé à Copenhague en 1819.

200. Le même prince à l'âge de 19 ans. Plâtre.
Modelé à Rome en 1827.

201. Le prince Frédéric Guillaume de Hesse-Philipsthal.
Plâtre.

202. La princesse Julie Sophie de Danemark, son épouse.
Plâtre.
Tous les deux modelés à Rome en 1822.

203. Christian Charles Frédéric Auguste, duc d'Augustenbourg. Marbre.

204. Modèle du buste précédent.

205. Frédéric Auguste Emile. prince d'Augustenbourg.
Marbre.

206. Modèle du buste précédent.

207. André Pierre comte de Bernstorff, ministre d'état.
Marbre. Exécuté à Rome en 1802.

208. Modèle du buste précédent. De l'an 1795, à Copenhague.

209. Le même ministre. Colossal. Plâtre.
Modelé à Rome en 1801-5, en même temps que les bustes n°" 211
—12 et 219—20 de la même grandeur.

210. Henri Hjelmstjerne, conseiller privé. Hermès en plâtre.

211. Le comte Rantzau de Breitenbourg, ministre d'état.
Colossal. Plâtre.

212. Le comte Adam de Moltke-Nütschau. Colossal. Plâtre.

213. Le baron Hans Holsten, amiral. Hermès en plâtre.
Avec l'inscription: LE 17 NOVEMBRE 1810.

214. Le comte Christian de Danneskjold Samsöe. Plâtre.

215. La comtesse Henriette de Danneskjold, son épouse. Hermès en plâtre.

216. La comtesse Louise Danneskjold, fille des précédents (plus tard duchesse d' Augustenbourg). Plâtre.

217. La baronne Christine Stampe. Hermès en plâtre.

218. Mademoiselle Ida Brun (plus tard comtesse de Bombelles). Hermès en plâtre.

219. Le baron Herman Schubart, ambassadeur du Danemark près plusieurs cours étrangères. Colossal. Marbre.

220. La baronne Elise Schubart, son épouse. Colossal. Marbre.

221. Frédéric Siegfred Vogt, conseiller d'état, chargé d'affaires à Naples. Marbre.

222. Modèle du buste précédent.

223. Bertel Thorvaldsen. Colossal. Hermès en plâtre.
Modelé à Rome en 1810 à la demande du consul West, exécuté en marbre en 1815, plus tard placé à l'académie des beaux-arts à Copenhague. Cet exemplaire est un plâtre pris sur le buste de marbre.

224. C. W. Eckersberg, peintre. Hermès en plâtre.
Avec l'inscription: *Eckersberg Roma li 12 maggio 1816.*

225. Tycho Rothe, philosophe. Hermès en marbre.
Modelé à Copenhague en 1795, exécuté en marbre à Rome 1797.

226. Le poète Adam Oehlenschlaeger. Hermès en plâtre.
Modelé à Nysö en 1839.

227. Gaspard Bartholin-Eichel. Plâtre.

228. Madame Höyer (mère du peintre C. F. Höyer). Plâtre.

229. J. C. Dahl, paysagiste norvégien. Hermès en plâtre.

230. J. Knudtzon, négociant à Trondhiem. Plâtre.

231. H. C. Knudtzon (frère cadet du précédent). Plâtre.

232. Louis, prince royal de Bavière (plus tard le roi Louis I). Marbre.

233. Modèle du buste précédent. Modelé à Rome en 1822.

234. Le prince Clément de Metternich, ministre d'état autrichien. Marbre.

235. Modèle du buste précédent.

236. Le prince Charles de Schwarzenberg, général autrichien. Plâtre.

237. Guillaume de Humboldt, ministre d'état prussien. Hermès en plâtre.

238. La comtesse de Dietrichstein. Plâtre.

239. La comtesse de Nugent. Plâtre.

240. Le poète Chr. Aug. Tiedge. Colossal. Plâtre.

241. Le médailleur Fr. Brandt. Plâtre.

242. C. H. Donner, conseiller de conférence, négociant à Altona. Plâtre.

243. Le baron d'Eichthal, banquier à Munich. Plâtre.

244. Madame de Krause. Plâtre.

245. Madame de Rehfuss. Hermès en plâtre.

---

246. Alexandre I, empereur de Russie. Plâtre.
Modelé à Varsovie en 1820.

247. Hélène, grand-duchesse de Russie. (?) Plâtre.

248. La princesse Narischkin. Plâtre.

---

249. Le prince Joseph Poniatowsky. Plâtre.
Premier modèle de la tête de la statue équestre colossale n° 123.

250. La princesse Bariatinska. Plâtre.

251. La comtesse A. Potocka. Plâtre.

252. Napoléon représenté comme empereur romain apothéosé. Le buste, ayant la tête laurée et l'égide sur l'épaule, repose sur le globe terrestre et est porté à l'Olympe par l'aigle de Jupiter (en même temps symbole des victorieuses légions françaises). Un palmier soutient le buste au revers. Colossal. Plâtre.

Modelé à Rome en 1830 d'après des portraits de Napoléon, à la
demande d'un écossais M. Alex. Murray. Cfr. le buste d'Adrien
dans la collection d'antiquités du musée II n° 37.

253. Le peintre Horace Vernet. Hermès colossal en marbre.

254. Modèle en grandeur naturelle du buste précédent.
De l'an 1833 à Rome.

------

255. Sir Walter Scott. Plâtre.

256. Lord George Byron. Marbre.

257. Modèle du buste précédent. De l'an 1817 à Rome.

258. Sir Thomas Maitland, lord-commissaire des îles ioni-
ennes. Colossal. Plâtre.
Coulé en bronze avec le relief n° 600 pour un monument en l'honneur de Maitland, élevé dans l'île de Zante.

259. Lord Gower, duc de Sutherland. Plâtre.

260. Lord Exmouth, amiral. Hermès en plâtre.

261. Lord William Bentinck. Hermès en plâtre.

262. M. Alexandre Baillie. plâtre.

263. M. Diwet. Plâtre.

264. Mrs. Hope (épouse de sir Thomas Hope, v. n° 52). Plâtre.

265-66. Fils de la précédente. Plâtre. Le n° 265 Hermès.

267. Lady Sandwich. Plâtre.

268-69. Les miss Lucan, filles de lord Lucan. Plâtre.

------

270. Le pape Pie VII. Plâtre.

271. Le cardinal Ercole Consalvi. Plâtre.
Modelé en 1824 à Rome et placé en marbre sur le sarcophage de
Consalvi au Panthéon, v. le relief n° 612.

272. Le comte Sommariva. Hermès en marbre.

273. Modèle du buste précédent.

274. Le même, dans un âge plus avancé. Plâtre.

275. Le prince Butera. Plâtre.

276. La princesse Butera, son épouse. Plâtre.

277. Giovanni Torlonia, duc de Bracciano. Plâtre.

278. La marquise Firenzi. Plâtre.

279.   Vittoria d'Albano.
>   Cette tête a été employée pour la femme assise dans le groupe de St. Jean-Baptiste n° 69.

280.   Gazi-eddin Heyder, roi d'Aude.
>   Modèle à Rome en 1821 d'après un portrait peint de ce prince, connu comme auteur d'un lexique et d'une grammaire persans, imprimés en sept volumes, intitulés: les sept lacs.

281.   Portrait d'homme inconnu. Marbre.

282.   Modèle du buste précédent.

283-303.   Portraits d'hommes inconnus. Les n°ˢ 284, 285, 287. 288, 292, 299, 300 hermès. Plâtre.

304-13.   Portraits de femmes inconnues. Le n° 305 hermès. Plâtre.

314-15.   Portraits d'enfants. Plâtre.

III.

RELIEFS.

1. Représentations de la mythologie et de l'histoire grecques [*].

316. Jupiter, Minerve et Némésis. Au milieu Jupiter trône, le sceptre à la main et l'aigle avec le foudre vengeur à son côté; à gauche Minerve est assise ayant dans la main la branche d'olivier et sur le bouclier l'oiseau de la sagesse, à droite Némésis tenant de la main dr. les rênes, à l'aide desquelles elle dompte les passions humaines, et ayant à ses pieds la roue tournante de la fortune. Autour du siége des dieux on voit le zodiaque. Aux extrémités des deux côtés sont représentées la terre et la mer, celle-là par Tellus couchée, une corne d'abondance au bras, celle-ci par Océanus reposant, le bras sur une urne, et tenant un roseau. Relief de fronton en plâtre. (Modèle.) H. 3 pieds 8 p. L. 14 pieds 6 p.

> Modelé à Rome en 1808. Plus tard exécuté à Copenhague en grandeur colossale par M. G. Borup, et placé en terre cuite dans le fronton de la façade principale du palais de Christiansbourg, en 1847.

317. Hercule et Hébé. Hercule assis, se reposant après les combats de la vie terrestre, tient à la main une coupe dans laquelle la déesse de l'éternelle jeunesse verse le nectar de l'immortalité. Plâtre. (Modèle.) Rond. Diam. 4 pieds 8 p.

318. Hygiée et Esculape. La déesse de la santé présente

dans une coupe la nourriture au serpent entortillé autour du bâton qui repose au bras d'Esculape assis. Plâtre. (Modèle.) Rond. Diam. 4 pieds 8p.

319. Minerve et Prométhée. Prométhée ayant formé la figure humaine de terre, Minerve lui accorde l'âme, caractérisée par son symbole le papillon (Psyché); l'homme, doué de vie et de sentiment, se tourne avec reconnaissance vers la déesse. Plâtre. (Modèle.) Rond. Diam. 4 pieds 8 p.

320. Némésis et Jupiter. La déesse de la justice vengeresse, debout, l'un pied sur la roue de la Fortune, lisant dans un rouleau, expose les actions des hommes au souverain de l'Olympe, assis sur son trône, le foudre à la main et l'aigle à ses côtés. Plâtre. (Modèle.) Rond. Diam. 4 pieds 8 p.

> Ces quatre médaillons, désignant dans des représentations mythologiques la force, la santé, la sagesse et la justice, furent modelés à Rome en 1808.—10, à la demande du gouvernement danois, pour servir d'ornement à la façade principale du palais de Christiansbourg. où ils furent placés en marbre en 1825. Un autre exemplaire en marbre se trouve à la maison de campagne du comte de Schönborn près de Geibach.

321-24. Les mêmes quatre médaillons en grandeur réduite. Marbre. Diam. 2 pieds $7^{1}/_{2}$ p.

325. Minerve, armée de la lance et du bouclier, planant; à côté d'elle, le hibou. Plâtre. Rond. Diam. 2 pieds $^{1}/_{2}$ p.

326. Apollon, avec la lyre et le plectre, planant. Plâtre. Rond. Diam. 2 pieds 1 p.

327. Pégase conduit par un génie, levant le flambeau de la lumière dans la main dr., et portant sur le bras g. des couronnes destinées à ceux qui cultivent les beaux arts. Plâtre. Rond. Diam. 2 pieds 2 p.

328. Clio, muse de l'histoire, tenant un rouleau et un style pour noter les événements; elle a les cheveux ornés d'une couronne de lauriers. Plâtre. Rond. Diam. 2 pieds $^{1}/_{2}$ p.

329. **Euterpe**, muse de la musique, jouant de la double flûte. Plâtre. Rond. Diam. 2 pieds ½ p.

330. **Thalie**, s'avançant avec gaîté, la tête entourée d'une couronne de lierre, tient dans la main g. le masque de la comédie, et dans la dr. une houlette, symbole de la poésie idyllique. Plâtre. Rond. Diam. 2 pieds ½ p.

331. **Melpomène**, marchant d'un pas grave et solennel, tient le masque de la tragédie dans la main g., et une massue, symbole de la force héroïque, sur l'épaule droite; elle regarde en haut, et elle a la tête laurée. Plâtre. Rond. Diam. 2 pieds ½ p.

332. **Terpsichore**, muse de la poésie lyrique et de la danse, touchant du plectre les cordes de la lyre, dans un mouvement de danse; elle a la tête ornée d'une couronne de palmes. Plâtre. Rond. Diam. 2 pieds ½ p.

333. **Erato**, muse de la poésie érotique et de la danse nuptiale, entonne un chant d'amour, le plectre levé dans la main dr., et ayant au bras g. une cithare (psaltérion) soutenue par l'Amour qui plane à côté d'elle. Elle a les cheveux ornés d'une couronne de roses; ses mouvements expriment la joie. Plâtre. Rond. Diam. 2 pieds ½ p.

334. **Polyhymnie**, muse des chants et des mythes religieux, chantant un hymne, les bras étendus. Elle est enveloppée dans un ample manteau; ses mouvements expriment la gravité. Plâtre. Rond. Diam. 2 pieds ½ p.

335. **Uranie** tenant dans les mains les symboles de l'astronomie, un globe céleste et une verge à mesurer. Sa tête est tournée vers les étoiles et ornée des plumes de l'une des Sirènes vaincues. Plâtre. Rond. Diam. 2 pieds ½ p.

336. **Calliope**, muse de la poésie épique et de la rhétorique, portant de la main dr. un style vers sa bouche, et tenant dans la g. une tablette. Elle a la tête laurée; ses mouvements sont graves. Plâtre. Rond. Diam. 2 pieds ½ p.

337. **Mnémosyne, mère des muses.** Elle porte la main vers
la joue, comme pour se rappeler les choses passées, et elle
est étroitement enveloppée dans son manteau. Harpocrate.
l'index sur la bouche, pour indiquer le mystère, l'accompagne.
Plàtre. Rond. Diam. 2 pieds $^1\!/_2$ p.

338. **Les Grâces** planant en s'embrassant avec amour. Plàtre. Rond. Diam. 2 pieds 1$^1\!/_2$ p.

> Les médaillons n°s 325—38. qui font pendants et représentent les
> divinités grecques présidant aux arts et aux sciences, ont été mo-
> delés à Rome à peu près en 1836.

339. **Cortége au Parnasse.** Frise. Apollon ouvre le cortége, monté sur un char attelé du Pégase, dont les rênes sont
tenues par un génie qui apporte la lumière. Les Grâces suivent en dansant, conduites par l'Amour qui les tient à une
chaine de roses, tandis qu'un Amour planant au-dessus d'elles
répand des fleurs. Après elles vient le chœur des muses.
Clio les précède, tenant le rouleau dans la main g. abaissée,
et le stye levé dans la droite. Euterpe, Thalie et Melpomène,
dont le masue lest posé sur la tète, marchent tranquillement
l'une à côté de l'autre. Terpsichore s'avance en dansant avec
Erato, accompagnées d'un Amour qui joue de leur lyre. Polyhymnie pensive porte la main dr. à la joue; Uranie se retourne pour regarder les étoiles; Calliope écrit sur sa tablette. Après elles vient Mnémosyne accompagnée d'Harpocrate. Les déesses sont suivies d'Homère, premier des poètes,
chantant au son de la cithare; le vieillard aveugle est conduit
par le génie de la poésie, portant une palme et une couronne
de lauriers. Plàtre. H. 2 pieds 1 p. L. 15 pieds 8 p.

> Ce commencement d'une frise destinée à représenter une suite his-
> torique de poètes, a été modelé à Rome en 1832.

340. **Danse des Muses sur l'Hélicon.** Apollon, assis sur
le rocher à gauche, touche les cordes de la cithare; le cygne,
oiseau de la poésie, qui lui est consacré, nage à ses pieds;
une ciste remplie de livres en rouleaux est à côté de lui. Le

choeur des Muses entoure en dansant le groupe des Grâces. Près d'Apollon on voit danser ensemble Euterpe, Erato et Terpsichore qui porte une cymbale. A droite Melpomène s'avance gravement entourant d'un bras Clio qui se retourne; sa massue est à terre, et elle a le masque tragique posé sur les cheveux. A côté d'elle Thalie s'agite dans une danse joyeuse, ayant de même le masque sur la tête, et à celle-ci se joignent Calliope, ayant la tête laurée, et Uranie regardant les étoiles. De l'autre côté des Grâces on aperçoit Polyhymnie une cithare au bras. Marbre. H. 2 pieds 4 p. L. 5 pieds 1 p.

341. **Modèle du relief précédent.**
> Modelé la première fois en 1804 à Villa Montenero près de Livourne; changé en 1816

342. **Thalie et Melpomène.** La joyeuse Thalie, le masque comique suspendu à la houlette, s'avance vers sa grave soeur pour chasser ses sombres pensées. Plâtre. Rond. Diam. 2 pieds 5 p. Modelé à Nysö en 1843.

343. **Erato et l'Amour.** La muse chante aux sons de la lyre en tournant la tête vers l'Amour qui écoute en s'appuyant sur son epaule. Marbre. Rond. Diam. 1 pied 10 p.
> Modelé à Rome en 1830 pour le piédestal de la statue de Byron (v. n° 131); plusieurs fois exécuté en marbre.

344. **Apollon chez les bergers.** Apollon joue de la cithare devant les bergers assemblés de Thessalie, groupés des deux côtés, jeunes et vieux, hommes et femmes. A gauche Pan paraît derrière un rocher. Aux extrémités paissent des brebis. Esquisse d'un relief de fronton. H. 1 pied L. 5 pieds 7½ p.
> Modelé à Rome en 1837, à la demande de C. Torlonia; exécuté en marbre par V. Galli pour la villa Torlonia à Castel Gandolfo.

345. **Diane suppliant Jupiter de lui accorder la permission de rester vierge et de suivre son goût pour la chasse.** Jupiter est assis sur son trône, le sceptre à la main; Diane

met la main dr. sur son genou, en touchant sa barbe de la main gauche. Plâtre. Arrondi en haut. H. 2 pieds 3¹⁄₂ p. L. 2 pieds 7 p. Modelé en 1810 à Nysö.

346. Mercure portant l'enfant Bacchus à Ino. Ino assise tient une peau de bouc sur ses bras étendus pour y recevoir le fils de sa soeur Sémélé et de Jupiter; l'enfant auquel elle doit servir de nourrice, assis sur les bras de Mercure, lui tend les mains. Plâtre. H. 2 pieds 3¹⁄₂ p. Larg. 2 pieds 4 p.

347. Même sujet. Plâtre. (Modèle.) H. 1 pied 7 p. Larg. 1 pied 7 p.

348. Naissance d'Aphrodite. La déesse de l'amour, née, suivant le mythe, de la mer et descendue à l'île de Chypre, est représentée sortant d'une coquille ouverte dans laquelle elle a été portée au rivage. De chaque côté, un dauphin. Plâtre. (Modèle esquissé.) H. 1 pied 4 p. Larg. 1 pied 2¹⁄₂ p. Les nᵒˢ 317 et 318 ont été modelés à Rome en 1809 et exécutés en marbre pour le prince Putbus à Rugen, le premier aussi pour lord Lucan.

349. Enlèvement de Ganymède. L'aigle de Jupiter s'envole avec Ganymède qui entoure de son bras dr. le cou de l'aigle et de la gauche se tient à l'une de ses ailes. Esquisse. H. 10 p. Larg. 8 p. De l'an 1833. Rome.

350. Même sujet. L'aigle, représenté au nᵒ précédent volant à gauche, s'élève perpendiculairement avec Ganymède qui se laisse enlever de la même manière. Esquisse. H. 1 pied 1 p. L. 1 pied 6 p.

351. Hébé donnant à Ganymède, nouvel échanson de l'Olympe, le vase et la coupe. Entre eux, l'aigle de Jupiter. Plâtre. H. 1 pied 6 p. Larg. 1 pied 6 p. De l'an 1833. Rome.

352. Pan couché, le bras appuyé sur une outre, enseigne à un petit Satyre, assis sur ses genoux, à jouer de la syringe. Marbre. H. 1 pied 6 p. L. 2 pieds 6 p.

353. Modèle du relief précédent. De l'an 1831. Rome.

354. Un Bacchante reposant sur une peau de panthère, le bras
      appuyé sur une ciste, lève une grappe de raisins qu'un
      petit Satyre cherche à saisir. Marbre. H. 1 pied 6 p. L.
      2 pieds 6 p.

355. Modèle du relief précédent.
           Modelé à Rome en 1833 comme pendant du n° 353.

356. Un Pan voluptueux embrassant une nymphe chasse-
      resse qui s'oppose à ses caresses. Plâtre. (Modèle.) H. 2
      pieds 1¹⁄₂ p. Larg. 1 pied 10 p.

357. Satyre dansant avec une Bacchante. La Bac-
      chante tient dans la main g. un thyrse et embrasse du bras
      dr. le Satyre qui joue des cymbales; celle là a les cheveux
      ornés d'une couronne de lierre, celui-ci d'une couronne de
      pin. Plâtre. H. 2 pieds 2¹⁄₂ p. Larg. 2 pieds.

358. Même sujet. Ils s'embrassent du bras g. et agitent au-
      dessus de la tête le bras dr. en se tenant par la main.
      Plâtre. H. 2 pieds 4 p. Larg. 2 pieds 1 p.
           Les nᵒˢ 357 et 358 ont été modelés à Nysö en 1841.

359. La Victoire notant le nom ou les exploits d'un guer-
      rier sur un bouclier qu'elle tient devant elle. Elle est assise
      sur une armure, l'un pied appuyé sur un casque; à côté,
      une palme. Marbre. H. 2 pieds 7 p. Larg. 2 pieds.

360. Modèle du relief précédent.

361. Même sujet. La Victoire est assise sur un rocher, à côté
      duquel sont un casque et une épée. Plâtre. H. 3 pieds 1 p.
      Larg. 2 pieds 3 p.

362. La Victoire debout, une palme dans la main dr.
      appuyée sur un bouclier, et une couronne suspendue au bras
      g. qui tient une lance. L'un pied est posé sur un casque.
      Plâtre. H. 2 pieds 10 p. Larg. 2 pieds.

363. La même, représentée plus de face, dans une niche.
      Plâtre. H. 3 pieds. Larg. 2 pieds 1 p.

Les représentations de la Victoire, modelées à peu près en 1830 à Rome, ont été destinées à orner les piédestaux de la statue-portrait de Potocky (n° 155) et du buste de Napoléon (n° 252).

364. **Némésis.** S'avançant dans une bige, la déesse lève de sa manière caractéristique le bras g., qui tient en même temps les rênes, et frappe du fouet, qu'elle tient dans la main dr., l'un des chevaux qui se révolte, tandis que l'autre marche docile à ses ordres. Les roues du char indiquent les vicissitudes de la fortune. Elle est suivie des génies de la punition et de la récompense, le premier tenant une épée sur l'épaule, le second portant les symboles de la paix et du bonheur. Un chien, marchant à côté des chevaux, veille à ce qu'ils suivent la juste ornière. Au fond on voit une partie du zodiaque dont la balance se trouve au-dessus de Némésis. Des inscriptions italiennes expliquent l'idée. Plâtre. (Modèle.) H. 3 pieds 1 p. L . 6 pieds.

Modelé à Rome en 1834. Exécuté en marbre pour M. Mylius, négociant à Milan, pour orner le monument sépulcral de son fils.

365. **Les Parques.** Clotho, assise à gauche, ôte de la quenouille le fil de la vie; Lachésis à droite le fait passer entre ses doigts en tournant le fuseau; Atropos est au milieu, prête à couper le fil, dès que le sablier qu'elle tient à la main indique que le temps s'est écoulé. A côté d'elle le génie de la vie lève le flambeau encore brûlant; le hibou de la mort plane au-dessus des ciseaux. Au pied de Clotho fleurissent des plantes de lin; du côté opposé on voit des tiges de pavots et des pelotons, grands et petits, de fils coupés de la vie. Marbre. Arrondi en haut. H. 4 pieds 3 p. L. 5 pieds 10 p.

366. Modèle moins grand du relief précédent. H. 2 pieds 5 p. L. 3 pieds 3 p. De l'an 1833 à Rome.

367. **La Nuit.** La déesse de la nuit (Nyx), les yeux fermés et les cheveux ornés de pavots, traverse lentement les airs portant ses deux enfants, la mort et le sommeil, qui dorment

entre ses bras. Le hibou les suit. Marbre. Rond. Diam. 2 pieds 6 p.

368. **Le Jour.** La déesse de l'aurore (Eos) s'avance dans les airs, semant des roses des deux mains ; elle est accompagnée d'un petit génie, appuyé sur son épaule, qui lève le flambeau de la lumière. Marbre. Rond. Diam. 2 pieds 6 p.

369-70. Modèles des reliefs précédents.
Modelés à Rome en 1815. Exécutés en marbre pour lord Lucan, le prince Metternich, et plus souvent.

371. **Hygiée et l'Amour.** La déesse de la santé, debout, tenant au bras son serpent, lui donne de la nourriture dans une coupe que lui présente l'Amour. Marbre. Arrondi en haut. H. 2 pieds 7 p. Larg. 1 pied 10 p.

372. Modèle du relief précédent. De l'an 1837. Rome.

373. **Hygiée et l'Amour.** La déesse assise, donnant au serpent de la nourriture dans la coupe qu'elle tient à la main, est couronnée par l'Amour. Plâtre. Arrondi en haut. H. 1 pied 11 p. L. 2 pieds.
Modelé en 1840 à Nysö, à l'occasion de l'anniversaire de 25 ans des noces du roi Christian VIII et de la reine Caroline Amélie.

374. **Les Grâces,** s'embrassant en dansant. Plâtre. H. 2 pieds. Larg. 1 pied 9½ p.

375. **L'Amour enchaîné chez les Grâces.** L'Amour, attaché par des liens de roses à deux arbres, regarde d'un air suppliant les Grâces qui reposent à côté de lui ; l'une d'elles tient le bout du lien, l'autre a pris dans le carquois une flèche dont la troisième essaie la pointe. (L'idée est prise dans la 30ième ode d'Anacréon.) Marbre. H. 1 pied 3 p. L. 2 pieds 3½ p.

376. Modèle du relief précédent. De l'an 1831. Rome.

377-80. **Domination de l'Amour sur l'univers.** 377. L'Amour dans le ciel. Porté par les airs sur l'aigle de

Jupiter, il lève d'un air triomphant le foudre qu'il a arraché au souverain de l'Olympe.   378. L'Amour sur la terre. La massue d'Hercule à la main, il mène à la crinière le lion qui lui lèche le pied.   379. L'Amour sur la mer. Le trident, symbole du pouvoir de Neptune, à la main, il est porté sur les flots par un dauphin.   380. L'Amour aux enfers. Portant sur l'épaule la fourche de Pluton il emmène Cerbère, gardien du royaume des ombres, sous un joug formé de son arc. Marbre. H. 1 pied 6¹⁄₂ p. L. 2 pieds 1 p.

381-84.   Modèles des reliefs précédents.
> Ces reliefs, nommés aussi les quatre éléments, ont été modelés à Rome en 1828.   Des exemplaires en marbre ont été acquis par le grand-duc Alexandre Nicolaiewitch et par sir Henry Labouchère à Londres.

385-86.   Premières exécutions du relief n° 377. L'Amour, qui dans la composition n° 377 est assis sur le dos de l'aigle, est ici représenté le montant comme un cheval. Plâtre. H. 1 pied 7³⁄₄ p. L. 2 pieds 1 p.

387.   Première ébauche du relief n° 378. Au lieu de la massue l'Amour tient une flèche levée dans la main droite. Plâtre.   H. 1 pied 4¹⁄₂ p. L. 2 pieds.

388.   L'Amour dompteur du lion. Monté sur le lion il en stimule la marche avec sa flèche, en le tenant de la main g. par la crinière.   Plâtre. Esquissé.   H. 1 pied 3¹⁄₂ p. L. 1 pied 5¹⁄₂ p.
> De l'an 1809. Rome.   Exécuté en marbre pour le prince M. Putbus à l'île de Rugen.

389.   L'Amour sur le lion. Assis sur le dos du lion dompté, il a décoché une flèche dont il suit des yeux le vol d'un air de triomphe.   Marbre.   H. 1 pied 10 p. L. 2 pieds 1 p.

390.   Modèle du relief précédent. De l'an 1831, à Rome.

391.   L'Amour écrivant les lois de Jupiter. L'Amour, debout devant le trône de Jupiter, grave dans une table avec la pointe de sa flèche les lois auxquelles obéit le genre humain et que lui dicte le souverain de l'Olympe. Marbre. Arrondi en haut. H. 1 pied $5^1/_2$ p. L. 2 pieds 2 p.

392. Modèle du relief précédent.

393. L'Amour avec la rose. L'Amour debout, la rose à la main, devant Jupiter et Junon qui trônent l'un à côté de l'autre, leur demande de la nommer la reine des fleurs. Marbre. H. 1 pied $1^1/_4$ p. L. 1 pied 10 p.

394. Modèle du relief précédent.

395. L'Amour et Ganymède jouant aux dés. Se disputant lequel d'eux est le plus beau, ils sont convenus de vider la querelle par des dés (astragales). Ganymède montre qu'il a fait le plus beau coup, mais l'Amour, se montrant lui-même, répond qu'il restera toujours vainqueur. (D'après un poème grec de Simonide.) Marbre. H. 1 pied 4 p. L. 2 pieds.

396. L'Amour et le chien fidèle. L'Amour caresse le chien qui met l'une jambe sur son genou. Marbre. Arrondi en haut. H. 1 pied 3 p. L. 1 pied 11 p.

397. L'Amour faisant un filet pour y prendre un papillon voltigeant, emblème de l'âme ou du cœur volage. Marbre. Arrondi en haut. H. 1 pied 3 p. L. 1 pied 11 p.

398-99. Modèles des reliefs précédents.

400. L'Amour naviguant. Assis dans une barque il la conduit en se servant de l'arc comme gouvernail et tenant de la main g. le bout de la voile. Le bâton de pavillon est formé d'une flèche entourée d'une guirlande de roses, et le beaupré du carquois. Plâtre. H. 11 p. L. 1 pied. 6 p.

401. Même sujet, varié. L'Amour est debout, l'un genou appuyé sur le bord de la barque. La flèche avec la guirlande flottante est omise. Plâtre. H. 1 pied 5 p. L. 2 pieds.

402. L'Amour ramassant des coquilles pour en former un collier, en volant le long du rivage. Plâtre. (Esquissé.) H. 1 pied $2^1/_2$ p. L. 1 pied 8 p.

403. L'Amour faisant sortir des fleurs du sol pierreux partout où il le touche de sa flèche, en volant au-dessus de la terre. Plâtre. (Esquissé.) H. 1 pied 2¼ p. L. 1 pied 8 p.

404. L'Amour allumant la pierre de son flambeau dans un creux de rocher. Plâtre. H. 2 pieds 3 p. Larg 1 pied 7¾ p.

Les nᵒˢ 391–404 ont été modelés à Rome en 1831, d'après des citations de poésies grecques indiquées par le savant poëte A. M. Ricci. v. Thiele P. III. ad Tab. 20.

405. L'Amour tenant des roses et des chardons. Assis sur un rocher il offre une rose de la main dr., en cachant de la gauche des chardons derriere le dos; l'arc est à côté de lui. Plâtre. H. 2 pieds 2 p. Larg. 2 pieds.

406. Variation du relief précédent. L'Amour est représenté debout, l'arc reposant au bras gauche. Plâtre. H. 1 pied 10 p. Larg. 1 pied 5 p.

Les nᵒˢ 405 et 106 ont été modelés en 1837 à Rome.

407. L'Amour et Bacchus. L'Amour boit du vin dans une coupe que lui présente Bacchus qui repose sur une peau de panthère étendue sur un rocher. A droite est assise une panthère; à gauche l'arc et le carquois de l'Amour sont placés à côté de la ciste de Bacchus. Dans une espèce de niche. Marbre. H. 1 pied 9 p. L. 2 pieds 10 p.

408. Modèle du relief précédent.

409. Première exécution de la composition précédente. Une peau de bouc est étendue sur le rocher; la panthère lèche les gouttes qui tombent de la coupe; au lieu de la ciste auprès de laquelle étaient placées les armes de l'Amour, on ne voit que le carquois posé à terre. Sans niche. Plâtre. H. 1 pied 8 p. L. 2 pieds 3 p.

Modelé à Rome en 1810. Exécuté en marbre pour M. J. Knudtzon, négociant à Throndhiem.

410. L'Amour caressant un cygne près du bord d'un lac, tandis que des garçons cueillent des pommes d'un arbre

au pied duquel est placée une corbeille de fruits. (L'été.)
Marbre.　H. 1 pied 8¹/₄ p. L. 2 pieds 2¹/₂ p.

411.　Modèle du relief précédent.

412.　L'Amour et le jeune Bacchus foulant des raisins
dans une cuve, en dansant et se tenant embrassés; un enfant
vide une corbeille de raisins à leurs pieds. Une amphore
est appuyée à la cuve; des vignes bordent la scène. L'idée
prise dans la 17ᵐᵉ ode d'Anacréon. (L'Automne.) Marbre.
H. 1 pied 7¹/₂ p. L. 2 pieds 1³/₄ p.

413.　Modèle du relief précédent.

> Les nᵒˢ 411 et 413 ont été modelés en 1811 à Rome et exécutés
> en marbre pour le comte de Schönborn.

414.　L'Amour chez Anacréon. D'après la 3ᵐᵉ ode d'Anacréon. Dans la nuit Anacréon a accueilli chez lui l'Amour
qu'il a trouvé devant sa porte comme un enfant égaré qui, transi
de froid et mouillé de la pluie, demandait un abri. Il est
occupé à sécher et chauffer le dieu qui en revanche le blesse
de sa flèche. Le thyrse et le vase à vin, placés à côté de la
lyre, caractérisent le poète qui cédait quelquefois aux inspira-
tions de Bacchus. (L'hiver.) Marbre (de Paros). H. 1
7³/₄ p. L. 2 pieds 3 p.

415.　Modèle du relief précédent.

> Modelé en 1823 à Rome pour représenter l'hiver qui devait servir
> de pendant aux deux saisons précédentes nᵒˢ 410 et 412. Exécuté
> en marbre pour le comte de Schönborn et sir Thomas Hope.

416.　Même sujet, varié; dans une espèce de niche pour servir de pendant au nᵒ 407. La jambe gauche d'Anacréon
repose sur la couche. Marbre. H. 1 p. 8¹/₂ p. L. 2 pieds
10³/₄ p.

417.　L'Amour blessé d'une abeille. D'après la 4ᵐᵉ
ode d'Anacréon. L'Amour qui, en cueillant une rose, a été
piqué au doigt par une abeille, vient s'en plaindre à Venus
assise; celle-ci, prenant la main blessée, lui demande com-
bien doivent souffrir, à son avis, ceux qu'il frappe de ses

flèches, si la piqûre d'une abeille peut causer de si grandes douleurs. Marbre. H. 1 pied 6½ p. L. 1 pied 8½ p.

Modelé en 1809 à Rome. Exécuté en marbre pour le prince M. Putbus à Rugen.

418. Même sujet, varié. Les poses des figures diffèrent des précédentes. La forme du relief ayant été changée, le rosier a été omis, et l'abeille et les colombes rapprochées du milieu. Plâtre. Arrondi en haut. H. 2 pieds 2 p. Larg. 1 pied 11½ p.

419. Les flèches de l'Amour forgées dans l'atelier de Vulcain. D'après la 45ᵐᵉ ode d'Anacréon. Vulcain est occupé à forger les flèches que Vénus, assise auprès de lui, plonge dans une coupe remplie de miel dans lequel l'Amour a mêlé du fiel. Mars, revenu du combat, se moque des flèches dont il a été obligé de prendre une dans la main pour en essayer le poids; mais l'Amour, plein de malice, s'étant emparé de la lance de Mars, le montre du doigt d'un air triomphant, parce que bientôt il sera contraint de rendre la flèche devenue trop pesante. Plâtre. (Modèle.) H. 2 pieds 4½ p. L. 4 pieds 1½ p.

Modelé à Rome en 1815. Exécuté en marbre pour M. Alexandre Baillie.

420. Même composition, variée. L'attitude de Mars est un peu changée, et son manteau, qui dans le relief précédent pend sur son bras, est jeté sur l'épaule dr. et retenu sur la hanche par la main gauche. Plâtre. H. 2 pieds 5 p. L. 4 pieds 4½ p.

421. L'Amour sur un cygne. Le dieu est monté sur le dos d'un cygne qui descend dans l'eau. Plâtre. Rond. Diam. 2 pieds 7 p.

422. L'Amour sur un cygne. Agenouillé sur un cygne qui nage sur l'eau, le dieu décoche une flèche. Plâtre. H. 1 pied 10½ p. L. 2 pieds 2 p.

Ces deux reliefs, modelés à Nysö en 1840, doivent être mis en
rapport avec le relief suivant, comme représentant Jupiter métamor-
phosé en cygne qui, accompagné de l'Amour, se rend auprès de Léda.

423. **L'Amour et Léda avec le cygne.** L'Amour s'envole
tenant de l'une main l'arc dont la flèche a été décochée, et de
l'autre le foudre de Jupiter, tandis que Léda à genoux
caresse le cygne. Plâtre. H. 2 pieds 2 p. L. 3 pieds 2 p.
Marqué *Nysö le 3 Fèvr.* 1841.

424. **Bergère avec un nid d'Amours.** Les Amours
expriment différentes dispositions et nuances de l'amour.
L'amour encore dormant est indiqué par l'Amour couché à
gauche, l'amour qui espère par celui qui pose la tête sur le
bras de la bergère, l'amour fidèle par celui qui caresse le
chien, l'amour passionné par les deux qui s'embrassent,
l'amour inconstant par celui qui s'envole et après lequel
la bergère tend inutilement le bras. *THORVALDSEN FECIT.*
Marbre. H. 1 pied 11 p. Larg 1 pied 10 p.

425. Modèle du relief précédent.
Modelé à Rome en 1831. Exécuté en marbre pour le roi Guillaume de Wurtemberg.

426. **Les âges de l'amour.** Psyché est assise près d'une
cage renfermant des Amours qu'elle distribue aux hommes.
Un enfant dans l'âge de l'innocence lève avec curiosité l'étoffe
qui couvre la cage, pour jouer avec les petites divinités,
tandis que la sœur plus avancée en âge, dans le premier
pressentiment de l'amour, ose en caresser une qui cherche à
s'élever jusqu'à elle. Une jeune fille agenouillée, les bras
tendus vers l'Amour que Psyché lui présente, exprime l'âge
où l'amour se manifeste par le désir et l'adoration. A cette
époque succède celle de la jouissance. Une jeune femme tient
entre ses bras un Amour qu'elle baise avec passion, et qui
l'embrasse à son tour. L'époque suivante est caractérisée par
une femme, portant en elle le fruit de l'amour, et tenant, l'air
abattu, l'Amour indolent par les ailes. Un homme assis.

courbé sous le fardeau de l'Amour qui d'un air triomphant
a pris place sur son dos, et un vieillard qui tend les bras
après un Amour qui s'envole en se moquant de lui. présen-
tent l'image du pouvoir de l'amour sur l'âge viril et la
vieillesse. Marbre. H. 1 pied $7^3/_4$ p. L. 4 pieds $8^1/_2$ p.

427. Modèle esquissé du relief précédent. H. 1 pied $3^1/_2$ p. L.
3 pieds 11 p.

> Modelé à Rome en 1824, puis retouché à Copenhague en 1843.
> Exécuté en marbre sur un vase pour M. Donner, négociant à Altona,
> et comme relief plan pour sir Henry Labouchère en Angleterre.

428. L'Amour quittant avec précaution Psyché qui dort
sur la couche. Plâtre. H. 1 pied $7^1/_2$ p. L. 1 pied $11^1/_2$ p.

429. Psyché, la lampe à la main, s'est approchée de la couche où repose l'Amour dormant, et étonnée à la vue du
dieu, elle a laissé tomber le poignard. Plâtre. H. 1 pied
$7^1/_2$ p. L. 2 pieds

> Ces deux reliefs ont été modelés à Nysö en 1841.

430. L'Amour et Psyché évanouie. L'Amour est accouru
pour venir au secours de Psyché qui est tombée sans con-
naissance après avoir ouvert par curiosité le vase renfermant
le prétendu onguent de beauté qu'elle avait cherché dans les
enfers. Il étend la main g. pour éloigner le vase d'où sort
la vapeur assoupissante qu'il cherche en même temps à dis-
siper avec ses grandes ailes; de la main dr. il tire de son
carquois une flèche dont la pointe va réveiller Psyché et la
faire revenir à la vie et à l'amour éternel. Marbre. H. 1 pied
$9^3/_4$ p. L. 2 pieds $10^1/_2$ p.

431. Modèle du relief précédent. H. 1 pied $6^3/_4$ p. L. 2 pieds
$6^1/_2$ p. De l'an 1810 à Rome. Acquis en marbre par M. Dalmar.

432. Psyché portée au ciel par Mercure. Esquisse. Rond.
Diam. 1 pied $10^1/_2$ p.

433-448. Représentations du mythe de l'Amour et Psyché.
(D'après les métamorph. d'Apulée IV—VI.) 433. Vénus, qui
brûle de se venger, prie l'Amour d'inspirer à Psyché une

passion pour le plus méchant des hommes. 434. L'Amour
s'approche de Psyché endormie pour la blesser d'une flèche,
mais s'arrête à la vue de sa beauté. 435. Le père de Psyché
consulte l'oracle sur le sort de sa fille. 436. Zéphyre
s'abaisse lentement, tenant Psyché qu'il a délivrée de la montagne où elle avait été exposée selon l'ordre de l'oracle
pour devenir la proie d'un monstre. 437. L'Amour s'approche avec précaution de la couche de Psyché, en étei-
gnant la lampe. 438. L'Amour quitte doucement la couche où
il a reposé à côté de Psyché. 439. Les soeurs de Psyché
lui persuadent de poursuivre et tuer le monstre qu'elles cro-
yaient être son amant qu'elle n'avait pas vu. 440. Psyché
ayant éveillé l'Amour par la brûlante goutte d'huile, tombée
de la lampe sur son epaule, cherche, en s'agenouillant, à
retenir le dieu qui veut s'enfuir. 441. Psyché, sauvée des
flots où elle s'était jetée, reçoit les conseils de Pan. 442.
Vénus ordonne à Psyché de chercher de l'eau de la source
du Styx. 443. L'aigle de Jupiter apporte à Psyché la cruche
remplie d'eau du Styx gardé par des dragons. 444. Psyché,
dans son voyage à Proserpine, étant arrivée au fleuve des
enfers, présente à Charon la pièce de monnaie qu'elle tient
entre ses lèvres, pour être conduite à l'autre rive. 445.
Psyché donne à Cerbère l'un de ses gâteaux de miel pour
se procurer l'entrée auprès de Proserpine. 446. Psyché dans
son retour ayant ouvert le vase qui devait contenir l'onguent
de beauté, tombe évanouie; l'Amour accourant tire de son
carquois une flèche pour la faire revenir à la vie. 447.
Mercure s'élève au ciel avec Psyché. 448. Psyché, tenant
à la main la coupe remplie du nectar céleste, est embrassée
par l'Amour. Plâtre. Ovales. H. 10¼ p. Larg. 8½ p.

Modelées à Rome en 1838 par V. Galli d'après les dessins de
Thorvaldsen.

449. L'Amour et Psyché s'embrassent en planant l'un

vers l'autre. Représentées comme enfants. Plàtre. H. 8 p. Larg. 9 p.

> Marqué *Nysö le* 24 *mai* 1841. Modelé pour le congé, au départ pour Rome.

450. **Psyché volant prise par l'Amour.** L'Amour (sous la figure d'un enfant) est venu atteindre Psyché (représentée comme jeune fille), dont il entoure le cou de son bras; Psyché tourne la tête pour le baiser. (L'àme de la femme dans son vol, arrêtée par l'amour.) Pendant de la représentation suivante. Plàtre. H. 2 pieds 4 p. Larg. 1 pied 11 p.

> Modelé à Nysö en 1840.

451. **L'Amour et Hymen.** L'Amour volant ayant décoché sa flèche, Hymen, qui plane à côté de lui, allume ses flambeaux. Marbre. H. 2 pieds 5 p. Larg. 1 pied 11½ p.

452. **Modèle du relief précédent.**

> Modelé à Nysö en 1840 à l'occasion des noces du prince Frédéric Charles Christian avec la princesse Caroline de Mecklenbourg–Strélitz pour être appliqué sur une médaille.

453. **L'Amour entourant** d'un baudeau de roses deux flambeaux que tient Hymen. Esquisse. Rond. Diam. 1 pied 6 p.

> Modelé à Copenhague en 1840 pour une médaille à l'occasion de l'anniversaire de vingt-cinq ans de mariage du roi Christian VIII et de la reine Caroline Amélie.

454. **L'Amour et Hymen filant la trame de la vie.** L'Amou debout, tenant une quenouille de sa main g., file la trame de la dr., tandis qu' Hymen à genoux fait tourner le fuseau pendant. Marbre. H. 1 pied 4 p. L. 1 pied 10 p.

455. **Modèle du relief précédent.**

> Modelé en 1831 à Rome, d'après un vers de Théocrite, v. Thiele P. III ad Tab. 29.

456. **L'Amour s'envolant.** Il chante en touchant les cordes d'une lyre; au dessous nage un cygne. Plàtre. Rond. Diam. 3 pieds.

> Ce relief a été appelé par Thorvaldsen *le chant de cygne de l'Amour*, comme la dernière représentation de l'Amour qu'il se proposait de donner; ce qui se réalisa en effet. Modelé à Nysö en 1843.

4

457.   H y m e n volant, un flambeau allumé dans chaque main.
Au-dessous, deux colombes. Pendant du relief précédent.
Plâtre. Rond. Diam. 2 pieds 8 p. De l'an 1813, Nysö.

458-479.   R e p r é s e n t a t i o n s m y t h o l o g i q u e s ayant surtout
pour objets la chasse et des métamorphoses causées par un
amour malheureux. 458. L a t o n e, portant sur les bras Apollon et Diane, et fuyant les poursuites du serpent Python.
459.   D i a n e menant sa biche aux cornes d'or.   460. Diane
surprise au bain par A c t é o n. 461. Actéon, du front duquel
sortent des bois de cerf, déchiré par ses propres chiens.
462-63. Diane tuant d'un coup de flèche O r i o n qui tombe
mourant; à côté de lui sont sa lance et son chien de chasse.
464. C h i o n e tuée par la flèche de Diane; au fond ou voit
son père Dédalion se précipitant du Parnasse et métamor-
phosé en épervier.   465-66. Diane menée par l'Amour à
E n d y m i o n dormant sur le mont Latmos.   467. Une des
n y m p h e s d e D i a n e occupée à nettoyer son arc. 468. Autre
nymphe essayant les pointes de ses flèches; à côté, un
chien couché et le carquois. 469. Troisième nymphe chasseresse nettoyant son carquois; à côté d'elle une jeune fille
tenant au bras les flèches, et un chien. 470. Quatrième
nymphe chasseresse marchant, un flambeau et une lance dans
les mains, accompagnée d'un chien pour chasser les bêtes
sauvages de leurs repaires. 471. Cinquième nymphe revenant
de la chasse, ayant un lièvre et des oiseaux tués suspendus
au bout de son arc. 472. La nymphe C a l l i s t o, objet de
l'amour de Jupiter, marche tristement en appuyant la tête
sur la main. 473. A t a l a n t e courant, la lance dans l'une
main, et dans l'autre les pommes jetées par Hippomène. 474.
Méléagre, l'epée à la main, debout sur le sanglier calydonien.
475. Un héros debout sur un lion abattu, une lance de chasse
à la main. 476. A d o n i s debout, ayant une lance de chasse

à la main et un chapeau suspendu sur le dos; à côté de lui
on voit les colombes de Vénus, et l'anémone qui nàquit de
son sang. 477. Narcisse regardant sa propre image dans
l'eau. L'Amour, d'un air moqueur, est placé sur un rocher
au pied duquel pousse la fleur en laquelle il fut métamor-
phosé. 478. Apollon debout à côté du laurier en lequel fut
changée Daphné, entourant sa lyre d'une couronne des
feuilles de cet abre. L'Amour est à côté; au fond est couché
Pénée, père de Daphné. 479. Pan jouant de la flûte com-
posée des roseaux en lesquels fut changée la nymphe Syrinx.
Derrière lui l'Amour tire des roseaux les sons plaintifs que
Pan imite. A droite le dieu du fleuve Ladon. Plâtre. (Modèles.) Ovales. H. 1 pied $^3/_4$ p. Larg. $9^1/_2$ p.

> Modelés en 1837 à Rome par V. Galli, d'après des dessins de
> Thorvaldsen, pour la villa Torlonia où ils sont placés en marbre.

480. Nessus et Déjanire. Le centaure veut embrasser Déjanire qu'il a fait passer le fleuve d'Evène d'après la demande
d'Hercule; elle tâche de se soustraire à ses caresses, en im-
plorant les secours d'Hercule. Marbre. H. 3 pieds $3^1/_2$ p.
Larg. 4 pieds.

481. Modèle du relief précédent.

> Modelé à Rome en 1814. Exécuté en marbre pour le comte Ma-
> rulli à Naples.

482. Hylas enlevé par les nymphes du fleuve d'As-
came. Hylas agenouillé sur un rocher près du fleuve pour
puiser de l'eau, est entrainé dans les flots par une des nymphes qui, le genou appuyé contre le rocher, entoure son cou
du bras; les deux autres nymphes s'approchent derrière elle.
Marbre. H. 1 pied 3 p. L. 2 pieds 5 p.

483. Modèle du relief précédent. Plâtre. De l'an 1831, Rome.

484. Même sujet. Hylas debout voulant remplir sa cruche de
l'eau qui découle d'en haut, l'une des nymphes, reposant sur
l'urne au haut de la montagne, lui pose sa main sur la tête;
l'autre, agenouillée au bas, le saisit par la jambe; la troisième

accourant lui tend les bras d'un air caressant. Marbre. H.
2 pieds 2 p. L. 3 pieds 5¹⁄₂ p.

485. **Modèle du relief précédent.** De l'an 1833, Rome.

486. **Andromède enlevée par Persée.** Persée est représenté traversant les airs à l'aide des ailes de Mercure, et
menant le Pégase, sur le dos duquel est étendue Andromède
reposant ses bras sur l'épaule de Persée. Celui-ci tient derrière lui la tête de Méduse dans la main gauche; l'Amour
vole à côté tenant sa courte épée à pointe courbée (harpé).
Au bas, le monstre tué est étendu au pied du rocher auquel
sont attachés les fers rompus d'Andromède. Plâtre. Rond.
Diam. 2 pieds 5 p. De l'an 1840. Nysö.

487. **Thétis plongeant Achille dans le Styx** pour le
rendre invulnérable. Thétis agenouillée tient le petit Achille
par le talon, tandis qu' Athéné, protectrice du héros, étend
sa lance au-dessus de lui. A gauche, le dieu du fleuve, cou-
ronné de jonc, est assis s'appuyant à une urne. Plâtre. H.
3 pieds 1 p. L. 4 pieds 4 p.

> Dans une exécution postérieure de cette composition, le Styx, sui-
> vant le mythe fille de l'Océan, est représenté d'une manière plus
> juste comme nymphe. — Ce relief, ainsi que le suivant et le n° 491,
> a été modelé en 1837 a Rome et placé en marbre dans le palais
> Bracciano appartenant au duc Torlonia.

488. **Achille instruit par Chiron.** Le centaure montre
au jeune Achille, assis sur son dos, comment il faut lancer
un javelot. Plâtre. H. 3 pieds 3 p. L. 4 pieds.

489. **Briséis enlevée à Achille.** Patrocle a livré la triste
Briséis aux hérauts envoyés par Agamemnon, qui s'empres-
sent de l'emmener; Achille assis, détourné et le poing levé,
éclate en injures contre le souverain de l'Olympe. (D'après
l'Iliade I, 345 suiv.) Marbre. H. 3 p. 7¹⁄₂ p. L. 7 pieds 6 p.

490. **Modèle du relief précédent.**

> Premier relief modelé par Thorvaldsen à Rome, en 1803. Un
> exemplaire en marbre a été acquis par M. de Ropp à Mietau. un

autre, un peu réduit, se trouve dans la collection du duc de Bedford à l'abbaye de Woburn.

491. **Même sujet, varié.** L'attitude d'Achille est moins violente, la tête seule étant detournée et le poing reposant sur le genou. Le premier des hérauts se tourne pour hâter le départ de Briséis. Plâtre H. 2 pieds 3 p. L. 4 pieds $3^{1}/_{2}$ p.
De l'an 1837. Rome.

492. **Priam suppliant Achille de lui rendre le corps d'Hector.** Le vieillard affligé, à genoux, a pris la main d'Achille; celui-ci, dans lequel la colère n'a pas encore fait place à la pitié, est assis, le bras appuyé sur la table où il vient d'achever son souper avec ses compagnons d'armes, Automédon et Alcimus. Deux Troyens qui accompagnent Priam apportent de riches dons pour racheter le corps d'Hector. (D'après l'Iliade XXIV, 472 suiv.) Plâtre. (Modèle.) H. 2 pieds $11^{1}/_{2}$ p. L. 6 pieds $2^{1}/_{4}$ p.
Modelé à Rome en 1815. En marbre dans l'abbaye de Woburn en Angleterre.

493. **Achille et Patrocle.** Achille panse le bras de son ami, blessé d'une flèche. Marbre. Rond. Diam. 2 pieds 2 p.
Occasionné par une représentation sur un vase antique, publiée dans Monumenti dell' inst. arch. di Roma vol. I. Tav. 25.

494. **Modèle du relief précédent.**

495. **Achille et Penthésilée.** Achille tient dans ses bras la reine des Amazones qu'il vient de tuer; charmé de sa beauté, il touche son sein de la main pour sentir si elle respire encore. A côté d'elle se trouvent sa hache d'armes, son bouclier et son casque. (D'après Quintus Calaber Smyrn. I, cfr. Pausan. V, 11.) Marbre. Rond. Diam. 2 pieds 2 p.

496. **Modèle du relief précédent.**
Les deux reliefs n⁰ˢ 491 et 496 ont été modelés en 1837 à Rome.

497. **Minerve adjugeant à Ulysse les armes d'Achille.** A gauche les armes, d'après la décision de la déesse, sont livrées à Ulysse, tandis qu' Ajax désespéré sort à droite pour se donner la mort. A côté, Thétis, mère d'Achille, ornée

d'une couronne de flots comme Néréide, est assise pleurant son fils auprès de sa colonne sépulcrale. Marbre. H. 2 pieds 1 p. L. 3 pieds 10½ p.

498. Modèle du relief précédent. De l'an 1831, à Rome.

499. Hector chez Pàris et Hélène. Hector, de retour du combat, sa longue lance à la main, entre dans la chambre où Pàris passe le temps dans l'oisiveté auprès d'Hélène, et lui adresse de graves reproches. Pàris est mollement étendu sur une chaise, ayant à son côté les armes qu'il vient de fourbir; Hélène, occupée à un ouvrage de main, en détourne les yeux pour regarder Hector. (D'après l'Iliade VI, 318 suiv.) Plâtre. (Modèle.) H. 2 pieds 3 p. L. 2 pieds 11 p.

Modelé en 1809 à Rome. Acquis en marbre par M. J. Knudtzon, négociant à Throndhiem.

500. Même sujet, varié. Pàris s'est levé de son siége et se trouve honteux devant Hector, tenant à la main le morceau d'étoffe dont il s'est servi pour nettoyer son arc. Hélène assise lui adresse des reproches. Derrière Pàris sont deux suivantes qui se moquent de lui et dont l'une présente une quenouille au héros efféminé. Plâtre. H. 2 pieds 8 p. L. 5 pieds 3 p.

501. Adieux d'Hector et d'Andromaque. Hector a pris des bras de la nourrice le petit Astyanax qu'il lève vers le ciel en invoquant les dieux pour son avenir. Le casque au grand cimier, qu'il a ôté parce que l'enfant en fut effrayé, est placé sur la terre, ainsi que le bouclier et la longue lance. Andromaque attristée est derrière lui et met la main sur son épaule. A gauche s'approche un guerrier pour accompagner Hector au combat. (D'après l'Iliade VI, 466 suiv.) Plâtre. H. 2 pieds 11 p. L. 5 pieds 9½ p.

Les nᵒˢ 500 et 501 ont été modelés en 1837 à Rome, et sont placés en marbre dans le palais Torlonia.

502. **Homère chantant devant le peuple.** Assis sur les marches d'un temple, au pied duquel il a déposé son bâton, son chapeau et son paquet de voyage, il accompagne son chant des sons de la lyre. A côté de lui est un jeune homme notant le chant sur une table, et un philosophe tenant un rouleau dans la main. Au nombre de ceux qui sont assemblés devant le poète on voit deux palestrites, dont l'un tient un disque à la main, et un guerrier qui, inspiré par les héros de l'Iliade, lève son épée. Plâtre. H. 3 pieds 1 p. L. 6 pieds 3¹⁄₂ p.

Modelé à Rome en 1836. Les deux personages placés à l'extrémité g. offrent les portaits de Thorvaldsen et de sir Henry Labouchère. Celui-ci, possesseur de plusieurs ouvrages de l'artiste, lui avait commandé une statue d'Achille sur un piédestal, qui devait être orné de reliefs homériques. C'est cette demande qui a occasionné plusieurs des ouvrages précédents (nᵒˢ 487, 488 et 501), ainsi que la retouche de quelques ouvrages antérieurs appartenant à ce cycle (nᵒˢ 491 et 500).

503. **Entrée triomphale d'Alexandre le Grand dans Babylone. Frise. 1ʳᵉ section. Le lieu où se passe la scène.** Sous des palmiers au bord du fleuve qui arrose Babylone un pêcheur est assis tranquillement occupé de sa pêche, tandis que son chien se met à aboyer au bruit du cortége qui approche. Deux marchands perses se sauvent sur le fleuve en emportant leurs marchandises. Le dieu du fleuve est couché auprès du mur de la ville, le bras appuyé sur l'urne et tenant dans les mains un gouvernail et des épis; derrière lui est placé le symbole de la tour de Bélus; un tigre le caractérise comme dieu du Tigre. Derrière les murs de la ville on voit des cimes d'arbres qui rappellent les célèbres jardins suspendus; des encensoirs placés sur le mur et à l'entrée, démontrent l'hommage de la ville et sa soumission au nouveau souverain. Le long du mur un jeune berger ramène des champs son troupeau; le pâtre et sa famille, ainsi que deux guerriers qui font la garde, sont placés près de la

porte de la ville. 2de section. Cortége des Babyloniens. Des astrologues chaldéens, dont l'un tient une sphère céleste, sortent de la ville, prêts à annoncer au vainqueur qu'ils ont prévu dans les astres sa puissance et ses progrès à venir. Devant eux des bêtes sauvages enchaînés et des chevaux sont menés comme présents au conquérant. Deux sonneurs de cors s'avancent; un encensoir est placé d'après les ordres de Bagophane, trésorier de Babylone; des femmes dansantes sèment la route de fleurs. A la tête du cortége le général perse Mazée et ses cinq fils, accompagnés de deux guerriers, vont d'un air suppliant au devant du vainqueur. Ils sont précédés de la déesse ailée de la paix, tenant au bras une corne d'abondance et une branche d'olivier dans la main levée. 3me section. Alexandre et sa suite. Alexandre, debout sur un char de triomphe, lève les yeux vers le ciel; sa main droite est appuyée à un sceptre, la gauche repose sur sa hanche. Les chevaux du char sont menés par la Victoire volant à côté, la main g. appuyée sur le bord du char. Deux écuyers suivent le char, et l'indomptable Bucéphale est mené par deux hommes. Ils sont suivis de la cavalerie macédonienne, à la tête de laquelle on voit Héphestion, ami d'Alexandre, et les généraux Parménion et Amyntas; viennent ensuite des fantassins dont les premiers causent avec un des cavaliers. Derrière eux un vieux guerrier mène un éléphant chargé d'un riche butin, à côté duquel un général perse prisonnier marche la tête baissée, gardé par un jeune grec. Un cavalier, resté en arrière, pique son cheval pour regagner sa place au nombre de ceux à cheval. A l'extrémité du relief un guerrier grec montre le cortége qui passe à un homme dont la figure offre les traits de Thorvaldsen. (D'après Quinte-Curce V, 1.) Plâtre (sur le premier modèle). H. 3 pieds 8 p L. 110 pieds.

Modelée en 1812 à Rome pour le Palais Quirinal qui fut arrangé alors pour la réception de Napoléon. Exécuté dans le cours d'environ trois mois, il fut placé en plâtre comme frise dans une salle carrée, de sorte que la première section occupât la partie au-dessus de la croisée et réunit les Babyloniens qui sortent de la porte de la ville aux personnages qui ferment le cortége d'Alexandre, et que le vainqueur accueilli par la déesse de la paix occupât le milieu du mur opposé à la croisée.

504. Variation de la pièce du milieu de la frise précédente: Alexandre accueilli par la déesse de la paix. La déesse sans ailes présente la branche d'olivier en penchant un peu le corps et posant la main g. sur l'épaule du petit Plutus, dieu de la richesse, placé devant elle, une corne d'abondance au bras. Alexandre met la main dr. sur le devant du char, tient le sceptre derrière lui au bras g., et regarde devant lui avec le mouvement de tête qui lui était propre. La Victoire planant tient les rênes des deux mains sans toucher le char. Plâtre. H. 3 pieds 8 p. L. 9 pieds 3 p.

505. Variation de la frise précédente. Les deux sonneurs de cor dans le cortége des Babyloniens sont précédés de trois autre musiciens. Alexandre, la main dr. appuyée sur le sceptre et la g. sur le devant du char, tourne la tête de côté en levant les yeux. La Victoire plane à côté du char comme au n° 504. Cinq cavaliers sont ajoutés au cortége des Macédoniens. La dernière partie est changée ainsi qu'au lieu d'un cavalier c'est un jeune guerrier à pied qui se trouve derrière l'éléphant, et que c'est l'artiste lui-même qui montre le cortége qui passe à un homme âgé, offrant les traits du comte Sommariva, propriétaire de la frise, comme pour lui transmettre l'ouvrage. Plâtre (sur le marbre). H. 3 pieds 8 p. L. 128 pieds.
Modelée et exécutée en marbre dans les années après 1818, à la demande du comte Sommariva, dans la villa duquel près du lac de Come elle fut placée en 1828.

506—7. Pièces ajoutées à cette frise. Une mère fait monter son petit fils sur l'une des brebis menées sous les murs de Babylone; une fille plus avancée en âge est auprès d'elle.

Quatre Babyloniens mènent chacun son cheval. Plâtre. (Modèles.)　H. 3 pieds 8 p. L. 4 pieds et 6 pieds 6 p.

> Modelées à Rome en 1831, pour être ajoutées à l'exemplaire placé plus tard en marbre dans le palais de Christiansbourg a Copenhague.

508. Même frise, variée et réduite. A côté du pêcheur près du fleuve, au lieu du chien sous les palmiers, est représenté une place que le magnifique cortége a fait abandonner par ses ouvriers. Attendant leur retour, un jeune chamelier avec son chameau, et plus loin un jeune homme et un enfant regardent le cortége qui passe, tandis qu'un autre enfant grimpe sur le dos du chameau pour mieux voir. Le dieu du fleuve n'est plus le Tigre mais l'Euphrate, le tigre et la tour de Bélus étant omis. Les pièces ajoutées nᵒˢ 506 et 507 s'y trouvent aussi. Les trois musiciens sont ajoutés comme au nᵒ 505. Derrière Mazée on voit un troisième Perse tendant les bras vers le vainqueur. Alexandre et la Victoire qui vole auprès de lui sont représentés comme au nᵒ 505. Les cinq cavaliers macédoniens ajoutés au nᵒ 505 s'y trouvent de même. La dernière partie est la même qu'au nᵒ 503; Thorvaldsen est placé sous un palmier. Plusieurs des casques macédoniens sont changés; il se trouve aussi quelques variations dans les attitudes des personnages et dans leur distance entre eux. H. 1 pied 9 p. L. 73 pieds. Marbre.

> Exécutée en partie au même temps que l'exemplaire destiné à Sommariva nᵒ 505, en partie plus tard.

509. Variation de la pièce du milieu de la frise précédente. Alexandre, la tête retournée, regarde en haut; placé plus en arrière dans le char et n'appuyant pas le genou dr. au devant, comme dans les représentations précédentes, il se tient de la main dr. au côté du char triomphal. Marbre. H. 1 pied 10 p. L. 3 pieds 6 p.

510-11. Modèles de deux pièces de la frise précédente: la place près du fleuve; la mère et les enfants avec les brebis. H. 1 pied 9 p. L. 3 pieds 2¹⁄₂ p. et 3 pieds 8 p.

512. Jeune homme conduisant un cheval fougueux à la bride.
H. 1 pied 9 p. L. 2 pieds 1 p.
> Modelé à Rome en 1829, pour être ajouté à la frise précédente.

513. Guerrier menant à la bride un cheval qui s'effraie à
l'aboiement d'un chien. Plâtre. H. 1 pied 9 p. L. 2 pieds 4 p.
> Modelé à Rome en 1831 pour être ajouté au cortége des Macédo-
> niens dans la frise précédente.

514. Alexandre le grand séduit par Thaïs à brûler
Persépolis. Alexandre, échauffé de vin, la tête couronnée
pour le festin, reçoit un flambeau de l'hétaire qui le pousse
au méfait, sans écouter Parménion qui cherche à l'en retenir.
A droite sont deux guerriers macédoniens; à gauche une femme
allume son flambeau à celui d'une autre, tandis qu'un Perse s'en va
rempli de rage et de désespoir. Marbre. H. 3 pieds L. 6 pieds 2 p.

515. Modèle du relief précédent.
> Modelé à Rome en 1832. Exécuté en marbre pour le prince royal
> Maximilien de Bavière.

516. Même sujet varié. Alexandre s'étant couvert du casque,
prend le flambeau de la main de Thaïs, et, sans entendre
les conseils de Parménion, il donne aux guerriers placés
derrière lui l'ordre d'allumer les flambeaux. A gauche une
hétaire saisit l'un des flambeaux qu'apporte une autre, en
écoutant ce qu'un macédonien lui dit à l'oreille. A côté, les
habitants de Persépolis sont représentés par un vieillard qui
s'éloigne accablé de douleur, conduisant par la main un enfant, et accompagné d'un jeune homme qui médite la résis-
tance. Plâtre. H. 2 pieds 8 p. L. 6 pieds 3^{1}_{2} p.
> De l'an 1837 à Rome.

2. Génies et personnifications *.

517. L'art et le génie qui apporte la lumière. L'art,
sous les traits d'une femme, est assis pensif, la tête appuyée

---

* Des représentations appartenant à cette classe se trouvent au nombre des monuments nos 131.
136, 153. 604—10, 626 et plus. autres

sur la main, tandis que le génie céleste s'approche pour mettre de l'huile dans la lampe d'où doit sortir la lumière. La lyre et le hibou montrent le rapport de l'art à la poésie et à la science. Plâtre. (Modèle.) H. 1 pieds 7¹⁄₄ p. L. 2 pieds 2 p.

> Modelé en 1808 à Rome; plus tard employé comme revers d'une medaille gravée en l'honneur de Thorvaldsen par Fr. Brandt, d'après la légende de laquelle *A GENIO LUMEN* le relief a souvent été nommé. Donné en marbre par l'artiste à sir Thomas Hope.

518. Même sujet varié. L'art est assis sur un siége sous lequel on voit une ciste pleine de rouleaux. La colonne, sur laquelle est placée la lampe, porte l'inscription *A GENIO LUMEN*. Le génie a une draperie pendant sur le bras. Plâtre. H. 3 pieds 2¹⁄₂ p. L. 4 pieds 4 p.

519. Le génie de la lumière s'avançant en levant un flambeau; la tête est ornée d'une couronne de lauriers. A côté, une ciste contenant des rouleaux, et une lyre. Esquisse. Rond. Diam. 1 pied.

> Esquisse du revers d'une médaille frappée sous Christian VIII pour récompenser des hommes de lettres et des artistes. De l'an 1841 à Nysö.

520. Le génie de la peinture, assis, occupé à peindre l'annonciation de la Vierge. A la main g. il tient une coupe à couleurs, à côté sont divers objets dont se servent les peintres. Plâtre. Rond. Diam. 3 pieds 1 p.

521. Le génie de l'architecture tenant un compas et un niveau, appuyé à la partie inférieure d'une colonne, au pied de laquelle se trouvent une table offrant un plan, et une équerre. A côté, le hibou de Minerve sur un chapiteau ionique. Plâtre. Rond. Diam. 3 pieds 1 p.

522. Le génie de la sculpture tenant le marteau et le ciseau, assis devant un relief offrant Minerve qui sort du front de Jupiter. Plâtre. Rond. Diam. 3 pieds 1 p.

523. Même génie travaillant à la statue colossale de Jupiter,

assis sur l'aigle au pied de la statue. Plâtre. Rond. Diam.
3 pieds.

Ces quatre médaillons ont été modelés à Nysö en 1843.

524. Ebauche d'une variation du relief précédent, dessinée en
contours sur une ardoise. Le génie de la sculpture, après
avoir terminé son ouvrage, est assis sur l'épaule de la statue
de Jupiter dont on voit la partie supérieure jusqu'à la poitrine avec le foudre qu'il tient à la main. Rond. Diam.
3 pieds 1 p.

Dessinée par Thorvaldsen les derniers jours avant sa mort le 24
mars 1844.

525. Les génies des trois arts plastiques planant ensemble. Le génie de l'architecture plane au milieu, tenant
dans la main g. une équerre, et embrassant les génies de la
peinture et de la sculpture, dont le premier tient dans la
main g. une palette et des pinceaux, en mettant d'un air
pensif l'index dr. sur la bouche, l'autre tient un marteau et
un ciseau dans les mains croisées. Plâtre. Rond. Diam.
2 pieds 6 p.

Pendant des n°s 342 et 528. De l'an 1843 à Nysö.

526. Le génie de la poésie assis, chantant en s'accom-
pagnant de la lyre. A droite, une ciste contenant des rouleaux,
à laquelle est appuyé le flambeau de la lumière; à côté, le rouleau et le style de Clio. A gauche on voit deux masques et
une houlette, attributs de Melpomène et de Thalie. Au-dessus
parait le zodiaque. Plâtre. Arrondi en haut. H. 2 pieds 5 p.
H. 3 pieds 8 p.

Modelé à Rome, probablement en 1835, et destiné au monument
de Schiller à en juger par les symboles des trois muses et des deux
signes par lesquels se termine le zodiaque, ceux du scorpion et du
taureau qui correspondent aux mois de novembre et de mai, mois
de la naissance et de la mort de Schiller. Cfr. le n° 135.

527. Le génie de la poésie, debout, regardant en haut, une
lyre au bras g. et le plectre dans la main dr. avancée. A côté,

une ciste pleine de rouleaux surmontés d'une couronne de lauriers. Plâtre. Rond. Diam. 3 pieds 1½ p.

Modelé à Copenhague en 1814 comme pendant des génies des arts nos 520—23.

528. Les génies de l'harmonie et de la poésie volant l'un à côté de l'autre. Le premier touche les cordes d'une lyre; le second, appuyant le bras sur l'épaule de l'autre, tient une feuille déroulée et un style. A côté, on voit un papillon volant, symbole de l'âme. Diam. 2 pieds 6 p.

Pendant des nos 342 et 525. Sur la feuille on voit tracé à traits légers: *Nysö 30 Juillet* 1843.

529. Le génie de la paix et de la liberté. Un génie agenouillé, coiffé d'un bonnet orné d'une couronne de lauriers, donne à manger à un lion et à un aigle dans une grande coupe qu'il tient devant lui. Un chien, symbole de la fidélité, est assis derrière lui. Les instruments de la guerre sont placés près d'un vieux tronc d'arbre et sous eux est un flambeau, pour indiquer qu'étant désormais inutiles ils sont destinés à être brûlés. A côté croît un jeune arbre surmonté du bonnet de la liberté. Plâtre. H. 2 pieds 5 p. L. 6 pieds

Un des derniers ouvrages de Thorvaldsen, à Copenhague 1844.

530-31. Les génies du gouvernement assis sur des lions couchés. L'un, ayant la tête laurée, appuie la main g. sur le gouvernail de l'état et tient de la droite les tables de la loi sur la partie inférieure d'une colonne. L'autre, regardant en haut, tient une massue et une balance, symboles de la force et de la justice. Plâtre. H. 3 pieds 1½ p. L. 4 pied 10 p.

Modelés en 1837 à Rome pour le piédestal de la statue équestre de Maximilien de Bavière, où cependant ils ne furent point placés.

532-45. Petits génies volants, personnifications d'arts, de métiers et d'autres occupations de la vie humaine.

532. Un génie avec la lyre et le plectre; pour la poésie.

533. Avec le masque tragique et une massue; pour la tragédie.

534. Avec le masque comique et une houlette; pour la comédie. 535. Jouant de la double flûte; pour la musique.
536. Dans un vif mouvement, jouant du tambourin; pour la
danse. 537. Avec un gouvernail sur l'épaule; pour l'admini-
stration civile. 538. Ayant dans la main dr. une épée tirée du
fourreau que tient la gauche; pour la guerre. 539. Ayant aux
bras la proue d'un vaisseau; pour la navigation. 540. Avec
un caducée et une bourse; pour le commerce. 541. Avec un
bâton entouré d'un serpent, et une coupe; pour la médecine.
542. Tenant sur la tête une corbeille remplie de fleurs et
d'herbes, et dans la main une fleur; pour l'horticulture.
543. Avec une faucille et des épis; pour l'agriculture. 544.
Avec une sphère céleste et une petite verge; pour l'astronomie.
545. Les mains levées vers le ciel; pour la religion. Plâtre.
(Esquissés.) En forme de rhombes. H. $10^{1}/_{2}$ p. Larg. $7^{1}/_{2}$ p.

546. Sept génies pareils: pour l'architecture, avec un compas
et une équerre; pour la sculpture, avec le marteau et le
ciseau; pour la peinture, avec un pinceau et une coupe à
couleurs; pour la pêche, avec un poisson pris à la ligne;
pour la chasse, avec du menu gibier et une lance; pour
l'horticulture et l'agriculture comme aux n°ˢ 542 et 543. Plâtre.
(Esquissés.) H. 1 pied 3 p. L. 1 pied $9^{1}/_{2}$ p.

547. Les mêmes cinq génies qu'aux n°ˢ 536—540, et un
sixième tenant une balance, pour la justice. Plâtre. (Esquissés.)
H. 1 pied 2 p. L. 1 pied $8^{1}/_{2}$ p.

> Tous ces génies ont été modelés à Rome en 1838 par V. Galli
> d'après des dessins de Thorvaldsen, pour la villa Torlonia.

548. Le génie du nouvel an. Ayant une couronne de fleurs
printanières suspendue au bras, tenant une faucille et des
épis coupés dans la main g. et une grappe de raisins dans
la dr., le génie ailé passe sur des patins à travers le signe
du capricorne dans le zodiaque qui l'entoure. Plâtre. Rond.
Diam. 1 pied $9^{1}/_{2}$ p.

> Modelé a Nysö dans les derniers jours de 1810, achevé le jour de l'an.

549. La Justice sous les traits d'une femme assise, tenant dans la main dr. une balance sur laquelle elle pèse la couronne du roi contre la faucille du paysan, la main g. appuyée sur une épée; devant elle sur ses genoux est le code ouvert. Deux palmiers placés de chaque côté s'unissent au-dessus d'elle. Plâtre. H. 2 pieds 8 p. L. 1 pied 11 p.

> Marqué: *Nysö 23 mai* 1811.

550. Le Danemark représentée comme une femme agenouillée priant pour le souverain du pays. Avec la légende: GUD VELSIGNE KONGEN (Dieu! protège le roi). Esquisse. Diam. 1 pied 6 p.

> Modelé en 1839 à Copenhague pour une médaille à l'occasion de l'avénement du roi Christian VIII.

3. Sujets bibliques et chrétiens[*].

551. Adam et Eve. Assis l'un à côté de l'autre ils reconnaissent les suites de leur chute en voyant la discorde de leurs enfants, Caïn tâchant d'arracher une pomme à Abel qui s'est réfugié sur les genoux d'Adam. Au fond le serpent passe devant l'autel d'Abel. Plâtre. H. 3 pieds 2 p. L. 4 pieds 9 p. De l'an 1838. Rome.

552. Esquisse du relief précédent. H. 1 pied 1½ p. L. 1 pied 2¾ p.

553. Rébecque et Eliéser près du puits. Rébecque présente la cruche à Eliéser qui boit; derrière lui est un jeune garçon tenant l'écrin qui renferme les bijoux destinés à la fiancée de son maitre, et un chamelier avec deux chameaux. De l'autre côté on voit deux femmes venues pour chercher de l'eau. Plâtre. H. 3 pieds. L. 5 pieds 10 p.

> Marqué: *Nysö 26 janvier* 1841.

---

[*] Le relief représentant Tobie qui guérit son père aveugle, v. monuments sépulcraux no. 613.

554. **Jugement de Salomon.** Le jeune Salomon, assis sur son tribunal, donne l'ordre de s'arrêter au bourreau qui lève son glaive pour couper en deux l'enfant, tandis que sa mère éplorée tâche de retenir son bras et indique, en montrant l'autre femme toute tranquille vis à vis d'elle, qu'elle aime mieux le lui céder. Des deux côtés sont assis des juges. Esquisse d'un relief de fronton. H. 1 pied 3 p. L. 6 pieds 4 p.

Ce relief, esquissé en 1835 à Rome pour servir de fronton à l'hôtel de ville de Copenhague, n'a pas été exécuté.

555. **Fonts de baptême carrés, ornés de reliefs.** Face de devant. St. Jean baptisant Jésus-Christ, qui est debout devant lui la tête baissée. Face gauche. La sainte Vierge assise, ayant sur ses genoux l'enfant Jésus et à ses côtés St. Jean Baptiste. Face droite. Jésus-Christ bénissant les enfants, assis devant eux. Revers. Trois anges planants indiquant par leurs attitudes et leur groupement la foi, l'espérance et la charité. Sur la face supérieure des fonts, une couronne de fleurs. Plâtre. (Modèle.) H. 2 pieds 3 p. Larg. 1 pied 8¹⁄₂ p.

Modelés en 1806 à Rome à la demande de la comtesse de Schimmelmann pour l'église de Brahe-Trolleborg en Fionie, où ils furent placés en marbre en 1815. Un autre exemplaire en marbre, surmonté de la couronne de fleurs et ayant une inscription latine au-dessous des anges, fut donné plus tard par Thorvaldsen à l'église de Myklaby en Islande où son aïeul avait été ministre du culte.

556. **Variation du relief précédent: La Vierge avec l'enfant Jésus et St. Jean.** Le costume de la Vierge et les poses des enfants sont un peu changés. Plâtre. H. 1 pied 9³⁄₄ p. L. 1 pied 8 p.

557. **Baptême de Jésus Christ.** Le Christ, les mains jointes, est debout sur la rive du Jourdain devant St. Jean qui verse l'eau d'une coupe sur sa tête baissée. Derrière St. Jean sont deux petits anges prêts à le servir, tandis que deux anges plus grands, planant au-dessus des premiers, annon-

cent que c'est le fils de Dieu qui vient d'être baptisé. Derrière le Christ une famille se prépare à recevoir le baptême des mains de St. Jean. Plâtre. (Modèle.) H. 3 pieds. L. 7 pieds 1¹⁄₂ p.

558. **Institution de la Cène.** Jésus-Christ placé devant la table sur laquelle le repas pascal a été servi, bénit le calice en levant les yeux vers le ciel. Les apôtres assemblés et agenouillés devant lui montrent de diverses manières leur douleur ou leur dévouement; St. Jean, plein de douceur, et St. Pierre, rempli de zèle, sont le plus près du sauveur; le dernier est St. Thomas qui doute, n'ayant pas encore joint les mains; au milieu, l'un des apôtres s'est levé dans un vif mouvement. Judas s'en va du côté opposé. Plâtre. (Modèle.) H. 3 pieds 1 p. H. 7 pieds 1 p.

> Les nᵒˢ 557—58 sont modelés en 1820 à Copenhague et placés en marbre dans les chapelles latérales de l'église de Notre-Dame.

559. **Entrée de Jésus-Christ dans Jérusalem.** Frise. Au milieu Jésus-Christ, la main dr. levée, s'avance monté sur l'ânesse que St. Jean mène à la bride. Vient ensuite St. Pierre le bras étendu vers le maître, et suivi des autres disciples qui louent Dieu et prêtent témoignage à celui qu'il a envoyé; Judas suit le dernier, les bras enveloppés dans son manteau. Devant Jésus-Christ on voit le peuple allant à sa rencontre. Quelques-uns répandent des fleurs sur la route, ou la couvrent de tapis; d'autres agitent des palmes en célébrant le fils de David; une fille présente un rameau à son vieux père; d'autres femmes, agenouillées près de la route, adorent le Sauveur. A la porte de Jérusalem, un scribe et un pharisien délibèrent entre eux, tandis que deux jeunes garçons, passant près d'eux, crient Hosiannah, et qu'un homme montre à son épouse le roi qui va entrer dans la ville. De l'autre côté, derrière les disciples, on voit un homme ayant apporté des palmes et qui en présente une à un boiteux lequel, après avoir été guéri par Jésus-Christ, jette ses béquilles;

un jeune enfant donne un rameau à sa mère. A l'extrémité droite un vieillard aveugle, ayant recouvré la vue, est embrassé de son jeune conducteur. Esquisse. H. 2 pieds 1 p. L. 23 pieds.

> Cette esquisse modelée à Nysö en 1839—40, fut ensuite exécutée à Copenhague, sous les yeux de Thorvaldsen, sur une plus grande échelle (H. 4 pieds L. 18 pieds) pour orner le portail de l'église de Notre-Dame, où la frise est placée en plâtre derrière les colonnes.

560. Jésus-Christ allant au Calvaire. Frise. Au milieu du cortége, Jésus Christ debout, portant sur l'épaule la croix que soutient Simon de Cyrène, dit aux femmes qui pleurent et se désespèrent, agenouillées près de la route, qu'elles ne pleurent pas sur lui, mais sur elles-mêmes et sur leurs enfants. Il est précédé de deux bourreaux, dont l'un a attaché à la croix de Jésus Christ une corde qu'il tire pour mettre fin au discours adressé aux femmes; l'autre, portant un panier qui renferme des clous et un marteau, est accompagné de son garçon ayant un paquet sous le bras. Les deux larrons qui doivent être crucifiés avec Jésus-Christ sont conduits, les mains liées derrière le dos, devant le geôlier qui les tient par une corde; l'un, plus jeune, lève les yeux vers le ciel d'un air repentant, tandis que l'autre, barbu et ayant l'air sombre, baisse les yeux. En tête du cortége marchent des soldats romains, à pied et à cheval, commandés par un centurion à cheval qui se retourne pour donner l'ordre que le cortége s'avance plus vite, ce que répète un cavalier au bourreau qui exécute l'ordre en tirant la corde attachée à la croix. Un soldat à pied, armé d'une lance, tâche d'écarter ceux de la foule qui pressent de côté, tandis que d'autres, poussés par la curiosité, ont pris les devants, et que deux hommes montent déjà le Calvaire. Après le groupe des femmes éplorées deux juifs, dont les gestes indiquent qu'ils sont dévoués au Christ, s'avancent l'un à côté de l'autre; ils sont suivis d'un troisième (Joseph d'Arimathie), un bâton à la main, qui se tourne plein d'intérêt vers la mère du sauveur qui s'est évanouie et est soutenue par Marie Madeleine et St. Jean. Viennent ensuite trois pharisiens, l'air hautain, montés sur des chevaux maigres; l'un d'eux donne l'ordre de se ranger de côté à ceux qui assistent la Vierge évanouie. Ils sont entourés de guerriers romains à pied qui ferment le cortége, lequel sort de la maison du gouverneur de la province. Sur les degrés de cette maison on voit Pilate se lavant les mains devant le peuple qui l'entoure, pour indiquer qu'il est innocent du méfait qui va se commettre. Esquisse. H. 2 pieds 1 p. L. 24 pieds.

Cette esquisse, modelée à Nysöe en 1839, fut exécutée plus tard à Copenhague pour l'église de Notre-Dame, sous les yeux de Thorvaldsen, sur une échelle de 6 pieds de hauteur sur 72 pieds de longueur. Sur cette frise, qui est placée en plâtre dans le chœur de l'église derrière l'autel, les deux hommes qui suivent le groupe des femmes éplorées ont été omis et remplacés par une femme plongée dans la douleur et tenant un enfant par la main; aussi le costume hébreu de Pilate a été changé en costume romain, et dans quelques endroits les distances réciproques des personnages diffèrent de l'esquisse.

561. Résurrection de Jésus-Christ. Jésus-Christ, placé entre deux anges, les bras étendus, sort du sépulcre en s'avançant sur la pierre ôtée de l'entrée. A gauche l'un des gardes saisit son épée, un autre s'enfuit. Des deux côtés sont des guerriers endormis. Au fond s'approchent les femmes. Esquisse d'un relief de fronton. H. 1 pied 3½ p. L. 6 pieds.

Cette esquisse, modelée à Rome pour le fronton de la chapelle du palais de Christiansbourg à Copenhague, n'a pas été exécutée.

562. Jésus-Christ à Emmaüs. Le Christ, à table entre les deux disciples, en est reconnu dans le moment où il prend le pain et le bénit en levant la main droite. La scène se passe devant une maison et se termine au fond par un tapis au-dessus duquel s'élèvent des arbres. Plâtre. (Modèle.) H. 2 pieds. Larg. 11 p.

Modelé en 1818 à Rome. Placé en argent, travaillé au repoussé, comme tableau d'autel dans l'église de Sta Annunziata à Florence.

563. Jésus-Christ à Emmaüs. Jésus-Christ, assis à table

à droite, bénit le pain; les disciples, qui ont quitté leurs siéges, sont à gauche, l'un à genoux près de la table, les mains jointes, l'autre debout derrière lui, les mains croisées sur la poitrine. La scène se passe dans une chambre ayant au fond une fenêtre. Plâtre. H. 3 pieds 10 p. L. 4 pieds 10 ½ p.

Modelé en 1840 à Nysö et destiné à servir de tableau d'autel à l'église de Jungshoved (Stavreby) sous la baronie de Stampenborg en Sélande.

564. Jésus chargeant St. Pierre de la direction de l'église. St. Pierre agenouillé tient à la main les clefs, symbole de son pouvoir ecclésiastique, et reçoit de Jésus-Christ, qui montre de la main quelques brebis, l'ordre de garder son troupeau. St. Jean est placé derrière St. Pierre; les autres neuf apôtres sont groupés des deux côtés. (D'après St. Matth. XVI, 19 et St. Jean XXI, 15 suiv.) Plâtre (sur le marbre). H. 2 pieds. L. 5 pieds 8 p.

565 Modèle du relief précédent.

Modelé en 1818 à Rome et exécuté en marbre pour la chapelle du palais Pitti à Florence.

566. Jésus-Christ bénissant les enfants. Jésus-Christ est debout au milieu des enfants. A gauche on voit St. Jean et un autre disciple, à droite un troisième veut renvoyer deux mères avec leurs enfants. Esquisse. H. 1 pied 5 p. L. 2 pieds 5 p.

Modelé à Nysö en 1840, pour l'asyle de Frédéric VI à Copenhague.

567. Jésus-Christ, âgé de douze ans, enseignant dans le temple. Jésus-Christ est debout devant deux scribes, dont l'un est assis tenant sur les genoux un rouleau ouvert; l'autre debout médite, le doigt sur la bouche. Plâtre. H. 2 pieds 8 p. Larg. 2 pieds 4 p.

568. Conversation de Jésus-Christ avec la Samaritaine. Jésus-Christ, appuyé au bord de la fontaine, instruit la femme qui est debout plongée dans la réflexion, reposant la main sur sa cruche. Plâtre. H. 2 pieds 5 p. Larg. 2 pieds 3 p.

Les n°s 567 et 568 ont été modelés en 1841 à Nysö.

569. **Annonciation de la Sainte Vierge.** L'ange Gabriel, une tige de lis dans la main, debout dans la chambre devant la Vierge, lui annonce que le Saint-Esprit, indiqué par une colombe qui s'abaisse, va descendre sur elle. La Vierge assise a déposé sur une corbeille l'ouvrage dont elle était occupée et reçoit l'annonciation les yeux baissés et l'une main levée vers la joue. Plâtre. H. 2 pieds 1$\frac{1}{2}$ p. L. 4 pieds.

570. **Adoration des bergers.** La Vierge est agenouillée devant Jésus-Christ nouveau-né, au-dessus de la tête duquel planent trois petits anges. A droite on voit quatre bergers en adoration, dont les deux jouent de la cornemuse et de la flûte; à gauche, St. Joseph près de la crèche. Plâtre. H. 2 pieds 1 p. L. 3 pieds 11 p.

571. **La fuite en Egypte.** A droite, la Ste. Vierge, portant Jésus-Christ sur le bras, marche accompagnée de St. Joseph. Un ange, volant derrière eux, tient l'une main au-dessus de la tête de l'enfant pour le protéger, tandis qu'il lève l'autre comme pour les avertir contre le massacre des innocents, dont on voit à gauche une scène: l'un des bourreaux d'Hérode arrachant un enfant à sa mère pour le tuer. Plâtre. H. 2 pieds 2 p. L. 3 pieds 11 p.

572. **Jésus-Christ, âgé de douze ans, dans le temple.** Jésus-Christ, debout au milieu des scribes, interprète un passage de l'écriture, en montrant du doigt un rouleau ouvert qu'un scribe, assis devant lui, tient sur ses genoux. Au fond s'approchent la Vierge et St. Joseph. Plâtre. H. 2 pieds 1$\frac{1}{2}$ p. L. 3 pieds 11 p.

573. **Baptême de Jésus-Christ.** Jésus-Christ est debout dans une humble attitude devant St. Jean qui lui verse sur la tête l'eau d'une coupe. Au-dessus de lui parait le Saint Esprit sous la forme d'un colombe; derrière lui planent trois petits anges. De l'autre côté on voit un homme, une jeune fille et un garçon s'apprêtant au baptème. Le lieu est caractérisé

comme la rive du Jourdain par le dieu du fleuve placé au
fond. Plâtre.   H. 2 pieds $1^{1}/_{2}$ p. L. 4 pieds.

574. Entrée de Jésus-Christ dans Jérusalem. Jésus-Christ
s'avance monté sur l'ânesse conduite par St. Jean; devant lui
un homme étend un tapis sur la terre, tandis qu'une femme
répand des fleurs, et qu'un jeune garçon lève une branche de palmier. Plâtre. (Esquissé.) H. 2 pieds $^{1}/_{2}$ p. L. 2
pieds 11 p.
> Les n°s 569—574 ont été modelés en 1842 à Rome comme com-
> mencement d'une série de représentations des moments les plus im-
> portants de la vie de Jésus-Christ.

575-78. Les quatre évangelistes portés dans l'air par les
figures ailées, employées, selon la vision de Ezéchiel, à les
caractériser: St. Matthieu porté par l'ange, St. Marc par le
lion, St. Luc par le boeuf, St. Jean par l'aigle. Ils sont
représentés recevant la révélation divine, ou notant leurs évan-
giles. Marbre. Ronds. Diam. 1 pied 8 p.

579-82. Modèles des quatre médaillons précédents.
> De l'an 1833. Rome.

583. St. Luc écrivant son évangile. Il est debout, tenant
un style dans la main et une table appuyée sur le genou,
l'un de ses pieds repose sur le boeuf ailé, couché à côté de
lui. Plâtre. (Esquissé.) Rond. Diam. 1 pied 8 p.

584. St. Luc peintre. Assis, la tête entourée d'une auréole et
ayant derrière lui le boeuf ailé, il peint dans le fond d'une
petite chapelle la Vierge dont, selon la tradition de l'église,
il avait conservé l'image. Plâtre. (Esquissé.) Rond. Diam.
1 pied 8 p.
> Ces deux médaillons ont été modelés à Rome. probablement à la
> même époque que les précédents.

585. Trois anges chantants. Debout et s'appuyant l'un sur
l'autre ils tiennent dans les mains une longue feuille déroulée. Marbre. H. 1 pied $2^{1}/_{2}$ p. L. 1 pied $4^{1}/_{2}$ p.

586. Modèle du relief précédent.

587. Trois anges jouants. Celui au milieu, assis sur un petit autel, touche les cordes d'une cithare; des deux autres, debout à ses côtés, l'un joue de la harpe, l'autre de la flûte. Marbre. H. 1 pied 2½ p. L. 1 pied 4½ p.

588. Modèle du relief précédent.
Ces deux reliefs ont été modelés à Rome en 1833.

589. Anges fêtant le Noël dans le ciel. Trois anges plus grands planent dans les airs en célébrant les louanges de Dieu, les deux tenant une feuille déroulée, le troisième touchant les cordes d'une harpe. Ils sont entourés de petits anges jouant de divers instruments. Les étoiles autour d'eux indiquent la nuit de Noël. Plâtre. Rond. Diam. 3 pieds 3 p. Modelé en Décembre 1842 à Nysö.

590-91. Trois anges planant dans l'air, tenant des guirlandes et semant des fleurs. Plâtre. (Modèles.) H. 1 pied 2 p. L. 2 pieds.
Modelés en 1833 à Rome pour la cathédrale de Novare où ils sont placés en bronze dans un autel.

592. Trois anges debout tenant une guirlande. Plâtre. H. 9¾ p. L. 2 pieds 5½ p.

593. Ange du dernier jour, debout, tenant une trompette levée dans la main droite. Vu de face et surmonté d'une étoile. Plâtre. Ovale. H. 3 pieds 2 p. Larg. 2 pieds 1¼ p.

594-95. Anges du dernier jour. L'un lève une trompette dans la main dr. en mettant la main g. sur la poitrine. L'autre porte sur l'épaule dr. le glaive du châtiment, et dans la main g. le rouleau sur lequel sont inscrites les actions humaines. Plâtre. H. 2 pieds 7 p. Larg. 1 pied 6 p.
Les nᵒˢ 593—95 ont été modelés à Rome en 1842 pour servir de décoration à un cimetière.

596. L'ange tutélaire de l'enfant. Un ange, debout derrière un enfant qui prie en joignant les mains, met la main

g. sur la tête de l'enfant et la dr. sur son épaule. Plàtre.
(Modèle.)   H. 2 pieds 2¹⁄₂ p. Larg. 1 pied 7 p.

> Modelé en 1838 à Copenhague comme pendant du relief suivant,
> et placé en marbre dans l'église de Notre-Dame au-dessus du tronc
> pour les écoles.

597.   La Charité chrétienne représentée sous les traits d'une
mère portant un enfant sur le bras, et allant porter du secours
aux autres. Un enfant, qui la tient par la robe, veut la précé-
der vers le but qu'il indique du doigt. Marbre. H. 2 pieds
2¹⁄₂ p. Larg. 1 pied 6 p.

598.   Modèle du relief précédent.

> Modelé à Rome en 1810.   Placé en marbre au-dessus du tronc
> des pauvres dans l'église de Notre-Dame à Copenhague.

599.   La Foi, l'Espérance et la Charité.   La Foi, sous
les traits d'une femme priant à genoux, et l'Espérance, représentée comme une femme assise sur la terre et tenant dans
la main une fleur, sont unies par la Charité, ange placé
entre elles sur un siége élevé, qui les entoure de ses bras et
étend sur elles ses grandes ailes. Plàtre. H. 1 pied 5 p. L. 2
pieds 8¹⁄₂ p.   De l'an 1836 à Rome.

4.   Monuments de personnages historiques. Monuments sépulcraux.   Portraits.

600.   Monument de Maitland. Minerve dévoilant le vice.
La déesse, entourant du bras dr. une jeune femme sans orne-
ments, image de l'innocence, qu'elle protège, arrache de
l'autre main le voile à une femme couverte de riches vête-
ments, qui s'enfuit pleine de honte. Plàtre. (Modèle.) H. 2
pieds 6 p. Larg. 2 pieds 1 p.

> Modelé, ainsi que le buste n° 258, à Rome en 1818, et coulé en
> bronze pour un monument érigé à l'île de Zante en l'honneur de sir
> Thomas Maitland, lord-commissaire des îles ioniennes.

601. Monument du peintre Appiani. Les Grâces.
Déplorant le décès de l'artiste, les trois déesses prêtent l'oreille
au chant que l'Amour, debout à côté d'elles, entonne à sa
louange.　Marbre.　L. 3 pieds $11^{1}/_{2}$ p. Larg. 3 pieds $2^{1}/_{2}$ p.

602.　Plâtre pris sur le modèle du relief précédent.
> Modelé, ainsi que le médaillon n° 629, à Rome en 1821, à la
> demande de l'académie des beaux arts à Milan, pour former un
> monument en l'honneur d'Appiani, surnommé *il pittore delle Grazie.*
> Le monument est placé en marbre dans le palais de l'académie à
> Milan.

603.　Le curé Hans Madsen et le général Jean Rantzau.
Le curé, s'étant échappé de l'armée des Lubecquois, (dans la
guerre de 1435) se trouve nu-pieds et tenant à la main la perche
à houblon dont il s'est servi pour passer l'eau, devant le général danois auquel il communique les projets de l'ennemi. Plâtre.
(Modèle.)　H. 4 pieds $4^{1}/_{2}$p. L. 3 pieds $1^{1}/_{2}$ p.
> Marqué *Nysöe 5 mars* 1841.　Par les soins du comte de Bille-
> Brahe ce monument a été placé en bronze dans le vestibule de l'église
> de Svanninge, où Hans Madsen avait été curé.

**604-607.　Monument du roi Frédéric VI.　604. Délivrance
des paysans.** Un génie brise un joug; à côté on voit des
chaines rompues.　**605. Institution des états provin-
ciaux.** Un génie tient une feuille déroulée, la notification
royale touchant cette institution. **606. Exercice de la justice.**
Un génie, appuyant la main g. sur l'épée, pèse sur une balance la faucille du paysan contre la couronne du roi.　A ses
pieds est le hibou de la sagesse.　**607. Protection des
sciences et des arts.** Un génie, une lyre au bras, saisit une des couronnes placées à côté de lui; sur la terre est
une ciste contenant des rouleaux. Plâtre. (Modèles.)　H. 1
pieds 11 p. Larg. 1 pied 4 p.
> Modelés à Copenhague dans l'hiver de 1812—43 (le n° 604 est
> marqué *le* 12 *Décbr.* 1842, le n° 606 *le* 6 *Mars* 1843) pour le mo-
> nument d'une hauteur d'environ 20 pieds qui fut élevé au roi Fré-
> déric VI près de Skanderborg en Jutland. Ils sont été exécutés en

marbre sur une plus grande échelle et encastrés dans les quatre faces
d'un bloc de granit taillé qui porte le buste colossal du roi.

608. Première exécution du relief n° 604. Le génie, dans la représentation précédente vêtu d'un chiton court détaché sur l'épaule
g., est nu sur ce relief. seulement une draperie est jetée sur
l'une jambe. La pose diffère aussi et la tête est plus tournée
vers le spectateur. Plâtre. H. 1 pieds 10½ p. L. 1 pieds 5 p.

609. Première ébauche du relief n° 606. La Justice et la Force,
sous les traits de deux femmes, l'une tenant une balance sur
laquelle elle pèse la faucille du paysan, l'autre couverte d'une
peau de lion et s'appuyant sur une épée, se tendent la main
sur le code. Le hibou est assis à côté d'elles. Plâtre. H. 1
pieds 10½ p. L. 1 pied 3½ p. Marqué *Copenhague le 9 Janvier* 1843.

610. Première ébauche du relief n° 607. Deux génies, offrant
des couronnes et des fleurs, volent au-dessus d'un autel entouré des symboles des arts et des sciences. Plâtre. H. 1
pied 11 p. Larg. 1 pied 4 p.
Marqué *Copenhague le* 15 *Janvier* 1843.

611. Monument sépulcral de Raphaël. L'artiste, assis sur un
autel antique consacré aux Muses et aux Grâces, le pied sur
un chapiteau corinthien, dessine sur une table que l'Amour
soutient d'une main, tandis que de l'autre il lui présente la
rose de l'amour jointe au pavot de la mort. Devant lui est
le génie de la lumière levant un flambeau; derrière lui la
Victoire s'avance tenant une couronne de lauriers et une
palme. Plâtre. H. 2 pieds 11 p. L. 4 pieds 1 p.
Modelé à Rome en 1833 pour un monument sépulcral de Raphaël
au Panthéon, destination qui ne fut cependant pas accomplie. v.
Thiele P. III. ad tab. 59.

612. Monument sépulcral du cardinal Consalvi. Consalvi
ramène les provinces papales à Pie VII. Les six provinces,
réprésentées comme des femmes ornées de couronnes et portant divers emblèmes, à leur tête Ancone avec un gouvernail

et Bologne avec un bouclier offrant l'emblème de l'université,
sont à genoux en manifestant leur dévouement au pape assis
qui leur donne la bénédiction. Plâtre. (Modèle.) H. 1 pied 9¹/₂
p. L. 3 pieds 10 p.

> Ce relief, indiquant le mérite politique de Consalvi, qui au congrès
> de Vienne fit en sorte que les provinces cédées à la France en 1797
> furent rendues à l'état du pape, a été modelé à Rome en 1824 et
> donné en marbre par l'artiste pour orner le sarcophage au Panthéon,
> sur lequel fut placé le buste du défunt exécuté également par Thor-
> valdsen (v. n° 271).

613. Monument sépulcral du médecin Vacca. Tobie gué-
rissant son père aveugle. Tenant dans une coupe le
remède préparé du fiel du poisson, il est occupé à l'appliquer
sur les yeux de son père, tandis que l'ange Raphaël, qui
l'a conduit, s'éloigne inaperçu. A gauche on voit la mère
dans une attention impatiente, appuyée à une table au-dessus
du sac de voyage déposé, et à ses pieds le chien qui a suivi
Tobie. Plâtre. (Modèle.) H. 3 pieds 3 p. L. 6 pieds 3 p.

> Modelé à Rome en 1828 à la demande d'une association formée
> dans l'intention de faire élever un monument au médecin Andrea
> Vacca Berlinghieri, surtout célèbre comme oculiste. En 1830 ce mo-
> nument fut érigé en marbre au Campo Santo de Pise, offrant au bas
> une inscription latine, et surmonté du portrait en médaillon exécuté par
> Thorvaldsen (v. n° 630).

614. Monument sépulcral d'Auguste Boehmer. Face principale. Tandis que la défunte présente à sa mère malade
une potion salutaire, un serpent lui porte une blessure mor-
telle au talon, allusion à la cause de la mort d'Auguste
Boehmer, qui eut lieu par suite d'une maladie qu'elle s'était
attirée en soignant sa mère malade. Le serpent, qui s'entortille
autour d'un bâton, est en même temps placé comme symbole
de la guérison sous le siége de la mère, pour indiquer que
celle-ci regagna la santé au même temps que sa fille lui fut
enlevée. Faces latérales. Némésis notant sur un rouleau ce
dévouement filial, et le génie de la mort, plongé dans le
deuil et appuyant sur le flambeau renversé sa tête couronnée

de pavots. Plâtre. (Modèle.) H. 2 pieds 6 p. Larg. 1 pied
11 p. et 1 pied 5½ p.

Modelé à Rome en 1811 et exécuté en marbre à la demande du
philosophe Schelling, dont l'épouse, Caroline Schelling, célèbre comme
auteur, était mère de la défunte; Auguste Bœhmer avait été actrice
à Weimar. — Le relief latéral, offrant le génie de la mort, a été
placé séparément en marbre sur le tombeau de M. Donner à Altona.

615. Monument sépulcral de Philippe Bethmann Holweg.
Face principale. Le jeune homme, dont la mort est représentée sur ce relief, penche la tête et laisse tomber les bras,
tandis que son frère accourt pour prendre de sa faible main
une couronne civique; le génie de la mort, debout derrière
lui, la face détournée, a abaissé sur lui ses tiges de pavots.
A gauche: la mère et les sœurs plongées dans le deuil. A
droite: Némésis debout, l'un pied sur la roue du destin, notant les actions du défunt; le dieu de l'Arno, couché derrière
elle et ayant à son côté un lion, désigne Florence comme le
lieu de événement. Plâtre. (Modèle.) H. 2 pieds 10 p. Larg. 4
pieds 5 p., et 3 pieds.

En voyage pour l'Italie, le défunt s'étant dévoué dans un incendie
à Vienne, s'attira une maladie à laquelle, malgré les soins de son
frère, il succomba à Florence, après avoir obtenu la récompense
due à son noble dévouement. Modelé à Rome en 1814. Placé en
marbre dans le caveau de la famille Bethmann-Holweg à Francfort.

616. Monument sépulcral des enfants de la princesse Po-
ninska. Un frère et une sœur, laissant leur mère éplorée
sur la terre, se rendent dans un autre monde conduits par
le génie de la vie qui tient le flambeau toujours brûlant. Plâtre.
(Modèle.) H. 3 pieds 1 p. L. 4 pieds 11 p.

Modelé à Rome en 1835, à la demande de la princesse Hélène Po-
ninska dont le fils et la fille étaient morts l'un peu de temps après
l'autre. Placé en marbre dans la cathédrale de Cracovie.

617. Esquisse du relief précédent. H. 1 pied 3 p. L. 1 pied
10½ p.

618. Monument sépulcral de la baronne de Schubart. La
défunte est étendue sur une couche, au chevet de laquelle

s'appuie le génie de la mort; l'époux, assis auprès de la mourante, prend congé d'elle. Plâtre. (Modèle.) H. 1 pied 10¹/₂ pieds 10¹/₂ p.   De l'an 1814. Rome.

619. Monument sépulcral de la comtesse Pore. L'époux de la défunte assis porte sur les genoux l'urne funéraire, et, accablé de douleur, il lève l'un bras vers le ciel. Derrière lui, sa fille, plongée dans le deuil, met la main sur son épaule pour le consoler; un fils en bas âge embrasse l'urne. Plâtre. (Modèle.) H. 2 pieds 10 p. L. 2 pieds 11 p.
> De l'an 1817 à Rome. La fille est une répétition de l'une des femmes au n° 615.

620. Monument sépulcral d'une épouse. L'époux prenant congé de sa femme, placée devant lui tout enveloppée, lui tend la main dr., et porte en même temps, par un mouvement de douleur, la main g. au front. Plâtre. H. 2 pieds. Larg. 1 pied 9¹/₂ p.

621. Monument sépulcral de la comtesse Borkowska. La défunte, la tête enveloppée, est emmenée par le génie de la mort qui éteint le flambeau de la vie au pied de la méta à laquelle il est parvenu. Le fils qui les suit tâche de retenir la mère en invoquant le ciel. Plâtre. (Modèle.) H. 2 pieds 5¹/₂ p. L. 3 pieds 2 p.
> Modelé à Rome en 1816 et exécuté en marbre pour le comte Borkowsky, fils de la défunte.

622. Monument sépulcral de Lady Newboock. Une femme avancée en âge, en habit de deuil (mère de la défunte) est agenouillée, les mains jointes, sur la base d'une colonne funéraire qui porte le signe de la croix et une urne cinéraire. A côté est le génie de la mort, appuyant la tête sur le flambeau renversé et tenant des pavots dans la main gauche. Plâtre. H. 2 pieds 5 p. L. 2 pieds 5¹/₂ p.   De l'an 1818. Rome.

623. Monument sépulcral d'une dame âgée. Une femme âgée, étroitement enveloppée, est à genoux, les mains jointes, sur un coussin. A côté d'elle sont deux anges: l'un, un sablier

à la main, montre que le temps s'est écoulé; l'autre note les actions de la vie. Plâtre. (Modèle.) H. 3 pieds. L. 4 pieds 1 p.
Modelé à Rome en 1828, et envoyé en marbre en Angleterre.

624. **Monument sépulcral de la baronne de Chandry.** La défunte s'élève au ciel en pressant sur son coeur la croix, emblème de la foi. Au-dessous d'elle, le génie de la mort, appuyé sur le flambeau renversé, lève les yeux vers le ciel. Plâtre. (Modèle.) H. 3 pieds 11 p. Larg. 3 pieds 1 p. De l'an 1818. Rome.

625. Monument sépulcral pareil. La défunte, jeune femme enveloppée, monte dans les airs en levant la croix de la main g. et tendant le bras dr. vers le ciel. Au-dessous d'elle est le génie de la mort, endormi sur le flambeau éteint auquel il appuie la tête et tenant des tiges de pavots. Plâtre. H. 4 pieds. Larg. 3 pieds 2 p.

626. **Le génie de la mort assis, dormant.** La main dr. repose sur le flambeau éteint, et la main gauche tient une couronne de feuilles de chêne: la tête est couronnée de pavots. Marbre. H. 2 pieds 10 p. Larg. 2 pieds $5\frac{1}{2}$ p.

627. **Modèle du relief précédent.**
De l'an 1829 à Rome. Placé en marbre dans le piédestal de la statue du prince Potocky n° 155.

628. **Trois enfants priants.** L'aîné est à genoux les bras levés, le second apprend au cadet à joindre les mains. Plâtre. H. 1 pied $\frac{1}{2}$ p. L. 1 pied 6 p.
Modelé à Rome en 1834 pour le monument sépulcral du comte polonais Arthur Potocky dans la cathédrale de Cracovie, à la demande de sa veuve.

---

629. **Tête du peintre Andrea Appiani.** Plâtre. Rond. Diam. 1 pied 6 p.
Encastré en marbre dans le monument qui lui a été élevé dans l'académie de la Brera à Milan, v. n° 601.

630. **Tête du médecin A. Vacca Berlinghieri. (?)** Plâtre. Rond. Diam. 1 pied 6 p.
En marbre dans son monument sépulcral à Pise, v. n° 613.

631. Tête du peintre G. B. (?) Bassi. Plâtre. Rond. Diam. 1 pied 6 p.

632. Tête de Goethe (fils du poète). Plâtre. Rond. Diam. 1 pied 6 p.

> En marbre dans son monument sépulcral près de la pyramide de Cestius à Rome.

633. Tête du philosophe Henri Steffens. Plâtre. Rond. Diam. 1 pied 6 p.   De l'an 1810 à Nysö.

634. Tête de E. H. Löffler, professeur de dessin à l'académie des beaux arts à Copenhague. Plâtre. Rond. Diam. 1 pied 6 p.

635. Portrait d'une femme inconnue. Plâtre. Rond. Diam. 1 pied 6 d.

636-37. La famille du baron de Stampe. 636. Scène dans une chambre à Nysö. La mère est assise sur une chaise, un livre à la main; auprès d'elle sont ses deux filles. Devant elles Thorvaldsen s'appuie à un chevalet, sur lequel se trouve l'esquisse de la statue de l'apôtre St. André auquel il a travaillé. De l'autre côté on voit le fils cadet une petite coupe à eau dans la main. 637. Scène au bord de la mer. L'un des fils aînés a monté un cheval pour le faire nager, tandis que l'autre qui revient de la chasse, lui montre son gibier tué. Le père est à côté, s'essuyant après s'être baigné. Plâtre. (Esquissés.) H. 1 pied 11 p. L. 3 pieds 2 p.   Modelés à Nysö en 1840.

5. Représentations de la vie humaine.

638-41. Les âges de la vie et les saisons de l'année. 638. L'enfance, le printemps. Une jeune fille dans l'âge de l'innocence fait une couronne de fleurs printanières que lui apporte un garçon. Un enfant assis près d'elle, lui présente d'autres fleurs qui se trouvent dans une corbeille à laquelle est appuyé un tambourin. 639. La jeunesse, l'été. Pendant

les travaux de la moisson un jeune homme entoure de l'un bras
une jeune fille; elle étend la main pour prendre une pomme que
tient l'adolescent, allusion aux désirs naissants qui succèdent
à l'âge de l'innocence. Au fond une autre jeune femme,
qui est occupée à couper des épis, paraît les regarder avec envie.
640. L'âge mûr, l'automne. Le mari, revenu de la
chasse, le gibier tué sur le dos, se rafraîchit en mangeant des
raisins mûrs, et cause avec sa femme qui est assise à l'entrée de
sa maison et allaite son enfant. **641.** La vieillesse, l'hiver. Un vieillard, assis dans sa chambre une froide soirée
d'hiver, se chauffe les mains sur un réchaud au bord duquel
s'est placé le chat; sa vieille femme allume une chandelle à
la lampe placée sur la table. Au fond une étoffe humide est
suspendue pour être séchée. Marbre. Ronds. Diam. 2 pieds
$2^1{}_2$ p.

642-45. Modèles des reliefs précédents.
Modelés à Rome en 1836. Exécutés en marbre pour le roi Guillaume de Würtemberg.

646. Chasseur à cheval. Il revient de la chasse, allant
bon train, un lièvre tué suspendu sur la lance; son costume
se compose d'une peau de lion tirée sur la tête. Plâtre.
H. 3 pieds $3^1/_2$ p. L. 3 pieds 7 p.

647. Chasseresse à cheval. Tenant l'arc dans la main g.,
elle tire de la main dr. une flèche du carquois; elle est vêtue
d'un chiton court recouvert d'une peau de sanglier. A côté
d'elle court un chien. Plâtre. H. 3 pieds $2^1/_2$ p. L. 3 pieds 11 p.
Les n° 646 et 617 ont été modelés à Rome en 1834.

648. Jeune fille avec un oiseau. Elle est assise nue sur
un lit, jouant avec un petit oiseau qu'elle tient en haut sur la
main; une peau de panthère étendue sur la couche, un thyrse,
un vase à vin et un tambourin font allusion à des plaisirs
bachiques. Esquisse. H. 1 pied $6^1/_2$ p. Larg. 1 pied $5^1/_2$ p.
De l'an 1837. Rome.

Table des matières.

Les renseignements ajoutés à cette description concernant l'époque et le lieu où les oeuvres de Thorvaldsen ont été modelées, leur exécution en marbre etc., sont surtout puisés dans l'ouvrage du professeur *J. M. Thiele*: *Le sculpteur danois Albert Thorvaldsen et ses oeuvres*, et, cet ouvrage n'étant pas entièrement terminé et publié, dans les notices qui doivent servir à sa continuation et que l'auteur a bien voulu communiquer pour ce but.

Quant à la mesure des ouvrages, elle est indiquée en pieds et pouces danois (un pied danois $=$ 12 pouces $=$ 0,96618 pied de France $=$ 0,31382 mètre) et la plinthe est toujours comprise dans la mesure. Où il se trouve un exemplaire en marbre, la mesure du modèle en plâtre n'a pas été ajoutée quand ce modèle a été employé exactement pour la sculpture, si même la plinthe ou le fond du relief diffèrent quelquefois pour la grandeur. Tous les bustes, auxquels il n'a pas été noté qu'ils sont de grandeur colossale ou des hermès, sont de grandeur naturelle et montés sur un piédouche circulaire.

Les modèles et esquisses, auxquels la matière n'a pas été ajoutée, sont en plâtre.

Dans la description, en indiquant ce qui se trouve à droite ou à gauche, le point de vue est calculé du spectateur. *g.*, *dr.*, dans les parties du corps signifie: gauche, droit. *H. L. Larg. Diam.* dans les mesures signifie: hauteur, longueur, largeur, diamètre.

Arrangement des oeuvres de Thorvaldsen dans le musée.

2d ét. ɔ: second étage; ou cette indication n'est pas ajoutée, l'endroit est au rez-de-chaussée.
S. du Chr. ɔ: salle du Christ. *Corr.* ɔ: corridor; *à g.* et *à dr.*, placés après, indiquent la partie
du corridor qui se trouve du côté gauche ou du côté droit de l'édifice; où les indications *à g.* et
à dr. ne sont pas ajoutées, c'est au rez-de-chaussée la partie du corridor le long du vestibule ou près
des entrées de la salle du Christ, au second étage la partie vis-à-vis de l'entrée. Les chiffres
I-XLII indiquent les cabinets. Les ouvrages, dont la place n'est pas indiquée, n'étaient pas placés
dans le musée à l'époque de l'ouverture au public, 17 septembre 1848.

Nos		Nos	
1	2d ét. XXIII.	30	2d ét. XXXIII.
2	2d ét. corr. à dr.	31	
3	2d ét. corr. à g.	32	XVIII.
4		33	2d ét. XXVII.
5	X.	34	2d ét. corr. à g.
6		35	2d ét. XXIX.
7	VII.	36-37	2d ét. corr à dr.
8		38	VI.
9	IX.	39	2d ét. corr. à g.
10	2d. ét. XXXIII.	40	I.
11	IV.	41	2d ét. corr. à dr.
12	2d ét. corr. à dr.	42	I.
13	2d ét. XXXIII.	43	2d ét. corr. à g.
14	Escalier.	44	XIV.
15-21	2d ét. XXXIII.	45	2d ét. corr. à dr.
22	XVI.	46	
23	2d ét. XXIV.	47	VIII.
24	2d ét. corr. à dr.	48-50	2d ét. XXXIII.
25	2d ét. XXXI.	51	
26	2d ét. corr. à g.	52	V.
27		53	XVII.
28	II.	54	2d ét. corr. à g.
29	III.	55-56	Corr.

Nos		Nos	
281	XX.	349-50	2d ét. **XXXIV.**
282	2d ét. XXX.	351	XIV.
283	Corr. à dr.	352	X
284-85	I.	353	2d ét. corr. à dr.
286	V.	354	X.
287	VII.	355-56	2d ét. corr. à dr.
288	IX.	357-58	XIII.
289-90	XII.	359	XV.
291	XV.	360	2d ét. corr. à dr.
292-93	2d ét. Corr.	361	Corr.
294	2d ét. Corr. à g.	362	XV.
295-300	2d ét. corr. à dr.	363	Corr. à dr.
301-2	2d ét. XXVIII.	364	XV.
303-4	Corr. à g.	365	
305	III.	366-368	VIII.
306	XI	369-70	2d ét. corr. à g.
307	XVIII.	371	III.
308	Escalier.	372	2d ét. corr. à dr.
309-10	2d ét. corr. à g.	373	2d ét. XXIII.
311-13	2d ét. corr. à dr.	374	IX.
314-15	2d ét. XXX.	375	III.
316	XII.	376	2d ét. corr. à g.
317-20	Vestibule.	377-80	XVI.
321-24	VI.	381-84	2d ét. corr. à g.
325-26	X.	385-87	2d ét. corr. à dr.
327	I.	388	IV.
328-37	XVIII.	389	XIV.
338	2d ét. XXVII.	390	2d ét. corr. à dr.
339	2d ét. corr. à g.	391	XIV.
340	III.	392	2d ét. corr. à g.
341	2d ét. corr. à g.	393	III.
342	XX.	394	2d ét. corr. à g.
343	XIII.	395	XVI.
344	2d ét. XXXIII.	396-97	III.
345	2d ét. XXVI.	398-99	Escalier.
346	2d ét. XXIV.	400	2d ét. XXXIII.
347	2d ét. corr. à g.	401	2d ét. XXV.
348	IV.	402-3	VIII.

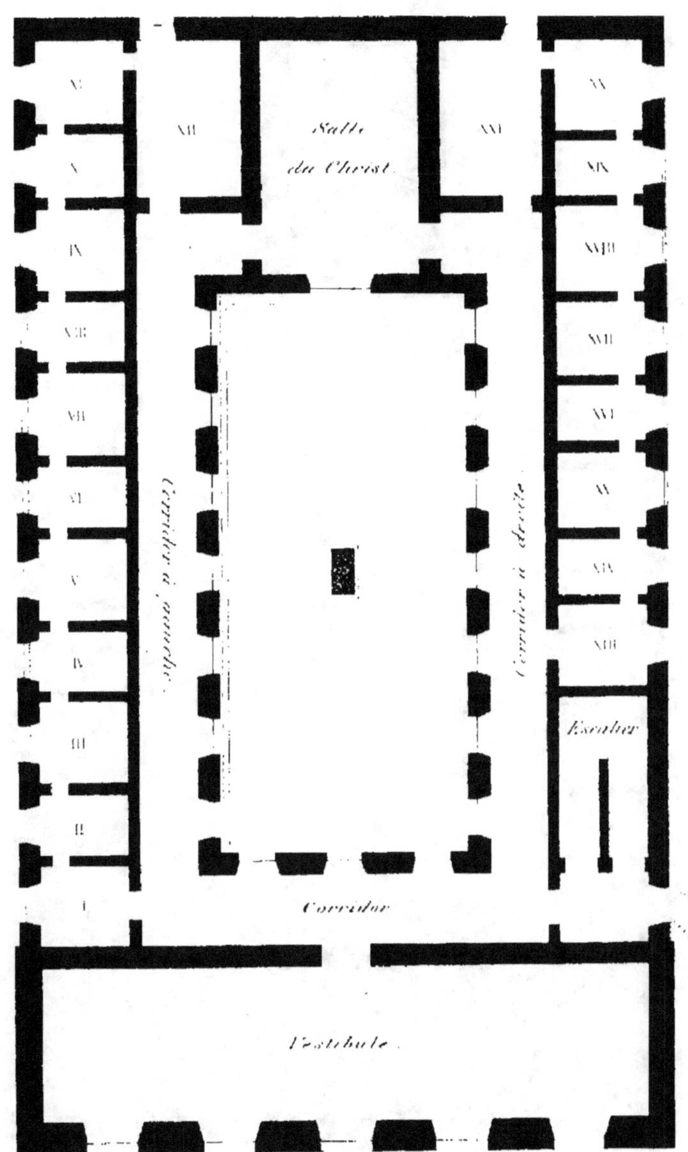

1er Étage.

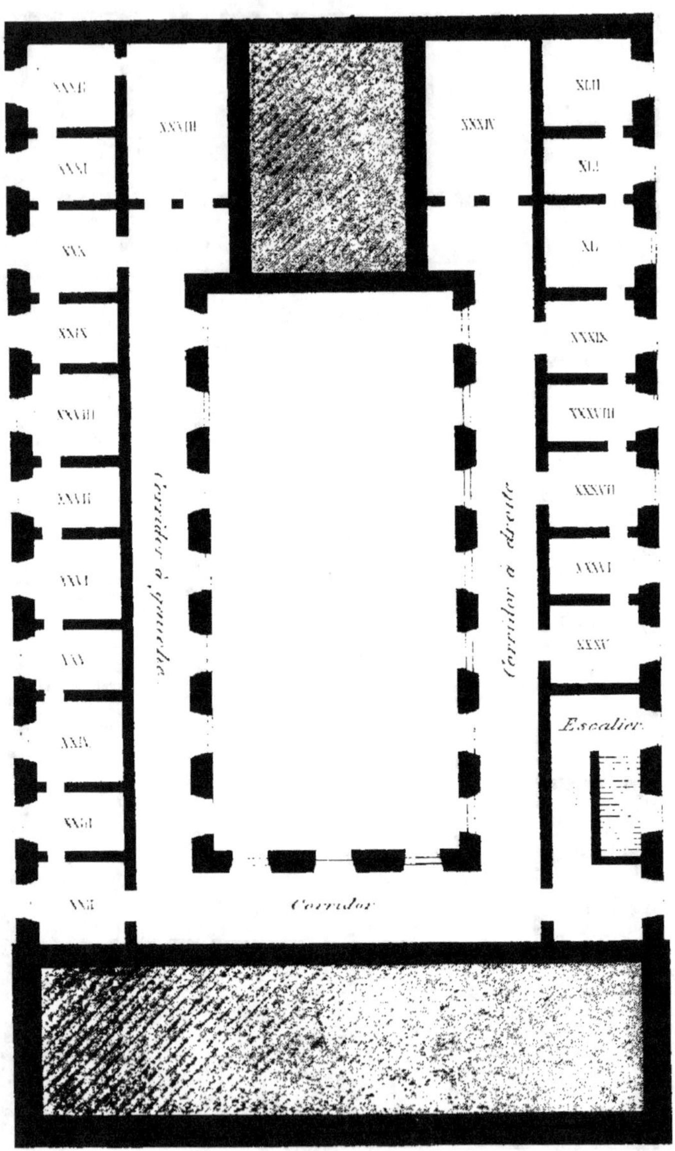
2.d Etage.
Corridor à gauche
Corridor à droite
Corridor
Escalier
XXXVI
XXXV
XXXIV
XXXIII
XXXII
XXXI
XXX
XXIX
XXVIII
XXVII
XXVI
XXV
XXIV
XXIII
XLII
XLI
XL
XXXIX
XXXVIII
XXXVII
XXXVI
XXXV
XXXIV

www.ingramcontent.com/pod-product-compliance
Lightning Source LLC
LaVergne TN
LVHW012209170726
843503LV00005B/1962